Inhaltsverzeichnis

1 Deutschland und seine Nachbarn

Name: Bundes-Republik[1] Deutschland

Hauptstadt: Berlin

Regierungssitz: Berlin

Staatsform: parlamentarische Bundes-Republik

Regierungs-System: parlamentarische Demokratie

Regierungs-Chef: Bundes-Kanzlerin Angela Merkel

Staats-Oberhaupt: Bundes-Präsident Joachim Gauck

Bundes-Länder: 16

Amts-Sprache: Deutsch (+ regionale Minderheits-Sprachen)

Einwohnerzahl: ca. 81.200.000 Einwohner

Fläche: 357.340 km²

Währung: Euro (EUR)

Gründung: 1949 (Bundes-Republik)

National-Feiertag: 3. Oktober (Tag der Deutschen Einheit)

Die größten Städte (Millionen-Städte):

Berlin (ca. 3.400.000 Einwohner)

Hamburg (ca. 1.730.000 Einwohner)

München (ca. 1.388.000 Einwohner)

Köln (ca. 1.000.000 Einwohner)

---

[1] Zur besseren Lesbarkeit und zum einfacheren Verständnis sind zusammen-gesetzte Wörter durch Bindestriche getrennt.

1 Deutschland und seine Nachbarn

Deutschland liegt in Mittel-Europa und grenzt an neun andere europäische Länder:

Im Norden grenzt Deutschland an Dänemark. Im Osten liegen Polen und die Tschechische Republik. Deutschlands südliche Nachbar-Staaten sind Österreich und die Schweiz. Im Westen grenzen Frankreich, Luxemburg, Belgien und die Niederlande an die Bundes-Republik.

2 Deutschland und seine Bundes-Länder

Deutschland ist föderal organisiert und besteht aus insgesamt 16 Bundes-Ländern. Das föderale System der Bundes-Republik ist im Grund-Gesetz festgelegt (Artikel 20 Absatz 1). Es sichert jedem Bundes-Land eigene Rechte und Pflichten zu.

Welche Aufgaben hat ein Bundes-Land?

⇨ Die Bundes-Länder sind zum Beispiel zuständig für „Kultus, Unterricht und Sport". Das heißt für Fragen zu Bildung, Ausbildung und Schule sowie Sport, Kunst, Kultur und Religion. Das Land ist für die Land-Straßen (Infra-Struktur) zuständig. Es betreibt Landes-Kranken-Häuser, Landes-Museen und verschiedene Gerichte (Amts-Gericht, Landes-Gericht, Oberlandes-Gericht). Darüber hinaus besitzt ein Bundes-Land die Polizei-Hoheit (ohne Bundes-Polizei). Die Bundes-Länder wirken über den Bundes-Rat bei der Gesetz-Gebung und Verwaltung des Bundes sowie bei europäischen Angelegenheiten mit.

Was sind die „neuen" Bundes-Länder?

⇨ Die Bundes-Länder Brandenburg, Sachsen, Sachsen-Anhalt, Thüringen und Mecklenburg-Vorpommern gehören seit dem Beitritt der ehemaligen DDR zur Bundes-Republik Deutschland (1990) dazu. Man bezeichnet diese Länder auch als „neue Bundes-Länder".

Was heißt *Stadt-Staat*, *Hanse-Stadt* und *Frei-Staat*?

⇨ Berlin, Hamburg und Bremen sind „Stadt-Staaten". Sie sind gleichzeitig Stadt und Bundes-Land (Bremen besteht aus Bremen und Bremerhaven). Hamburg und Bremen werden als „Freie Hansestadt" bezeichnet. Die Hanse war früher ein großer europäischer Handels-Verbund. Die Bundes-Länder Bayern, Sachsen und Thüringen tragen den Zusatz „Frei-Staat". Stadt-Staaten und Frei-Staaten sind aber genauso Bundes-Länder wie die übrigen. Sie haben die gleichen Rechte und Pflichten.

Übersicht über die Bundes-Länder in Deutschland

Bundes-Land	Hauptstadt	Einwohnerzahl in Mio. (gerundet)	Fläche in km²
Baden-Württemberg	Stuttgart	Ca. 10,6	35.751
Bayern	München	Ca. 12,6	70.550
Berlin	Berlin	Ca. 3,4	892
Brandenburg	Potsdam	Ca. 2,5	29.654
Bremen	Bremen	Ca. 0,6	419
Hamburg	Hamburg	Ca. 1,7	755
Hessen	Wiesbaden	Ca. 6,0	21.115
Mecklenburg-Vorpommern	Schwerin	Ca. 1,6	23.212
Niedersachsen	Hannover	Ca. 7,8	47.613
Nordrhein-Westfalen	Düsseldorf	Ca. 17,6	34.110
Rheinland-Pfalz	Mainz	Ca. 4,0	19.854
Saarland	Saarbrücken	Ca. 1,0	2.569
Sachsen	Dresden	Ca. 4,0	18.420
Sachsen-Anhalt	Magdeburg	Ca. 2,2	20.452
Schleswig-Holstein	Kiel	Ca. 2,8	15.800
Thüringen	Erfurt	Ca. 2,1	16.173

2 Deutschland und seine Bundes-Länder

Nordrhein-Westfalen ist das Bundes-Land mit der meisten Bevölkerung, Bayern ist das größte Bundes-Land. Das kleinste Bundes-Land ist Bremen. Es hat auch die wenigsten Bewohner.

Föderal	Nach Regionen organisiert, die einzelnen Gebiete haben eigene Rechte und politische Themen, für die sie verantwortlich sind.	federal	فيدرالي
Bundes-Land	Die einzelnen Einheiten Deutschlands werden Bundes-Länder genannt	federal state German Federal Land	ولاية ألمانية
Infra-Struktur	Einrichtungen, die das Gemeinschafts-Leben begünstigen: Straßen, Strom-Leitungen, Krankenhäuser, Schulen etc.	infrastructure	البنية التحتية

3 Deutschland und seine Hauptstadt Berlin

Berlin ist mit über 3,4 Millionen Einwohnern die Stadt
mit den meisten Einwohnern in Deutschland. Sie ist die
deutsche Hauptstadt. Gleichzeitig ist Berlin ein Stadt-Staat
(Bundes-Land).

Die Geschichte Berlins

Berlin war lange Zeit geteilt. Die Stadt wurde nach der Niederlage der Deutschen im Zweiten Weltkrieg 1945 in einen
amerikanischen, britischen, französischen und sowjetischen
Sektor geteilt. Mit Gründung der Bundes-Republik Deutschland
(BRD) und der Deutschen Demokratischen Republik (DDR)
1949 teilte sich die Stadt in West-Berlin und Ost-Berlin. Sie
war zwischen 1961 und 1989 durch die Berliner Mauer
getrennt. 1989 fiel die Mauer. Das heißt, die absolute Trennung
der beiden Staaten wurde gelockert. 1990 wurde Deutschland
wieder vereint. Die DDR gehört seit der Wieder-Vereinigung
zur BRD. Seitdem ist Berlin wieder eine zusammenhängende
Stadt.

Berlin als Regierungs-Sitz

In Berlin befinden sich die wichtigsten staatlichen Einrichtungen:
Hier sitzen die Bundes-Regierung, der Deutsche Bundes-Tag,
der Bundes-Rat, der Bundes-Präsident und zahlreiche Bundes-Ministerien. Ein kleiner Teil der
Bundes-Ministerien ist noch in Bonn. Bonn war von 1949 bis 1990 Regierungs-Sitz von West-
Deutschland. Viele ausländische Botschaften sind in Berlin.

Kulturelles und internationales Berlin

Nach Berlin kommen jedes Jahr zahlreiche Touristen. Sie
besuchen die vielen Sehenswürdigkeiten und Wahrzeichen der
Stadt. Zum Beispiel das Brandenburger Tor, den
Alexanderplatz, den Berliner Dom, Checkpoint Charlie, das
Holocaust-Mahnmal, den Gendarmenmarkt, das Jüdische
Museum, die Kaiser-Wilhelm-Gedächtniskirche, die Siegessäule
oder den Potsdamer Platz. Berlin hat auch sehr viele Museen.
Zum Beispiel auf der Museumsinsel. Darüber hinaus gibt es
viele Sport-Ereignisse, Konzerte und ein lebendiges Nacht-
Leben.
Berlins Universitäten und die kreative Szene locken viele
Studenten, Künstler und junge Leute an. Auch aus dem
Ausland. Berlin ist multi-kulturell, hier leben, studieren und
arbeiten Menschen aus der ganzen Welt.

Berliner Mauer	trennte Berlin während der Teilung Deutschlands in Ost und West	Berlin Wall	جدار برلين
Wieder-Vereinigung	Beitritt der Deutschen Demokratischen Republik zur Bundes-Republik Deutsch-land 1990	(German) reunification	إعادة توحيد ألمانيا
Regierungs-Sitz	Stadt, in der offiziell die Regierung eines Staates ist. Das ist nicht immer die Haupt-Stadt.	seat of government	مقر الحكومة
Botschaft	Offizielle Vertretung anderer Staaten in Deutschland	embassy	سفارة

3 Deutschland und seine Hauptstadt Berlin

Berliner Dom und Fernsehturm

Sehr beliebtes Essen: Curry-Wurst

Berliner Pfannkuchen – süßes Gebäck
mit Marmeladen-Füllung

Der Berliner Bär –
das Wappen-Tier

Brandenburger Tor

In Berlin gibt es viele schöne, alte Häuser, aber auch sogenannte Platten-Bauten und Hochhäuser.

Blick über den Tier-Garten Richtung Alexander-Platz

4 Deutschland und seine Landschaften

Welche Regionen gibt es in Deutschland?

⇨ Deutschland ist 357.340 km² groß. Es besteht aus drei großen Regionen: Das Nord-Deutsche Tiefland mit den Küsten von Nordsee und Ostsee. Dort gibt es viele flache Landschaften.
Das Mittelgebirge mit mittel-hohen Gebirgs-Zügen ist im Zentrum. Das Alpen-Vorland und die Alpen sind im Süden des Landes. Hier gibt es die höchsten Berge.

Welche wichtigen Flüsse gibt es in Deutschland?

⇨ Deutschland fällt von den Alpen zu den Küsten ab. Große Flüsse fließen (mit Ausnahme der Donau) nach Norden. Der Rhein ist mit insgesamt 865 km in Deutschland (1.320 km insgesamt) der längste Fluss. Er fließt von der Schweiz in die niederländische Nordsee. Er ist ein wichtiger Transport-Weg und eine der verkehrsreichsten Wasser-Straßen der Welt.
Die Elbe ist mit 793 km (1.165 km insgesamt) der zweit-längste Fluss. Sie fließt von Tschechien in die deutsche Nordsee. Dritt-längster Fluss ist die Donau mit 647 km (in Deutschland, 2.858 km insgesamt). Die Donau fließt von Deutschland ins Schwarze Meer. Sie ist der längste Fluss in Europa.

Wie heißt der höchste Berg in Deutschland?

⇨ Der höchste Berg in Deutschland heißt Zugspitze. Er ist 2.962 m hoch. Er liegt an der Grenze zwischen Deutschland und Österreich in den Alpen. Weitere große Gebirge sind die Schwäbische Alb, der Schwarzwald, die Fränkische Alb, der Bayerische Wald, der Oberpfälzer Wald, das Fichtelgebirge, der Hunsrück, die Eifel, der Taunus, der Westerwald, das Rothaargebirge, die Rhön, der Thüringer Wald, das Erzgebirge sowie der Harz. Fast alle Gebirge sind in Süd- oder Mitteldeutschland.

Wie ist das Klima in Deutschland?

⇨ Deutschland liegt in der gemäßigten Klima-Zone in Mittel-Europa. Im Durchschnitt ist es ca. 8 Grad warm. Es gibt verschiedene Jahres-Zeiten. Im Frühling (März, April, Mai) ist es mild. Die Pflanzen beginnen zu blühen. In dieser Zeit regnet es häufig. Es folgt der Sommer (Juni, Juli, August) mit warmem, sonnigem Wetter. Es ist aber selten über 30 Grad. Im Herbst (September, Oktober, November) ist es oft nass und kalt. Die Tage werden kürzer. Der Winter (Dezember, Januar, Februar) ist kalt und dunkel. Besonders in Süddeutschland und in den Bergen fällt Schnee. Viele Straßen und Böden sind dann eisig und glatt. Es ist Vorsicht geboten!

4 Deutschland und seine Landschaften

5 Der Weg zum deutschen Grund-Gesetz

Von der Aufklärung zur Demokratie.

⇨ Seit etwa 1700 wurde die Idee formuliert: Die Vernunft bestimmt das Wesen der Menschen. Daraus folgte: Alle Menschen sind gleich. Der aufgeklärte Mensch ist frei von staatlichen Zwängen. Er bestimmt sein Leben und Denken selbst. Diese Idee ist Grundlage für demokratische Verfassungen.

Wo entstanden ersten Grundlagen für demokratische Parlamente?

⇨ Im 17. Jahrhundert erkämpften die Untertanen Englands zwei wichtige Gesetze. Diese schützten sie vor willkürlicher Verhaftung. Die Freiheits-Rechte der Bürger konnten ohne die Zustimmung des Parlaments nicht mehr eingeschränkt werden.

⇨ 1776 wurde die Erklärung der Unabhängigkeit der Vereinigten Staaten von Amerika unterzeichnet. Hier wurden zum ersten Mal Menschen-Rechte wie Gleichheit, Freiheit und Unabhängigkeit aufgeschrieben.

Was ist das entscheidende Verdienst der Französischen Revolution?

⇨ Franzosen erhalten neben ihren Bürger-Rechten Staats-Bürger-Rechte. Sie dürfen nun an der Ausübung der staatlichen Gewalt beitragen. Zum Beispiel bei Wahlen zum Parlament.

Wann gab es Deutschland die erste demokratische Verfassung?

⇨ 1849 wurden in Frankfurt eine National-Versammlung eröffnet. Die Abgeordneten erstellten eine Liste mit Grund-Rechten. Zum Beispiel Meinungs-, Presse- und Vereinigungs-Freiheit. Sie sollten zum festen Bestandteil der Verfassung werden. Der König nahm diese Verfassung aber nicht an. 1919 diente sie als Grundlage für die Weimarer Verfassung.

Wann gab es die erste parlamentarische Demokratie in Deutschland?

⇨ Nach der Niederlage im Ersten Welt-Krieg. Die National-Versammlung verabschiedete in Weimar eine sehr moderne Verfassung. Neben den Grund-Rechten enthielt sie auch erstmalig Grund-Pflichten.

Wo sind die Menschen- und Grund-Rechte heute festgehalten?

⇨ Sie stehen in der deutschen Verfassung (Grund-Gesetz). Besonders wichtig sind die Grund-Rechte. Vor allem wegen der schrecklichen Erfahrungen mit dem National-Sozialismus. Die Grund-Rechte dürfen vom Staat nicht geändert werden. Sie gelten für alle Bürger und die Regierung. Alle Entscheidungen des Staats müssen sich daran richten.

Was ist das Besondere am deutschen Grund-Gesetz?

⇨ Es ist die „Mutter der Gesetz-Gebung", die Basis für alle anderen Gesetze in Deutschland. Sie müssen mit dem Grund-Gesetz vereinbar sein.

Verfassung	Politische Grund-Lage eines demokratischen Staats-Wesens	constitution	الدستور
Parlament	Versammlung, in der die Interessen des Volkes vertreten werden	parliament	البرلمان
Demokratie	Staatsform, in der persönliche und politische Rechte garantiert sind	democracy	نظام ديمقراطي
National-Sozialismus	Hitlers anti-demokratische und rassistische Weltanschauung	national socialism	النازية

5 Der Weg zum deutschen Grund-Gesetz

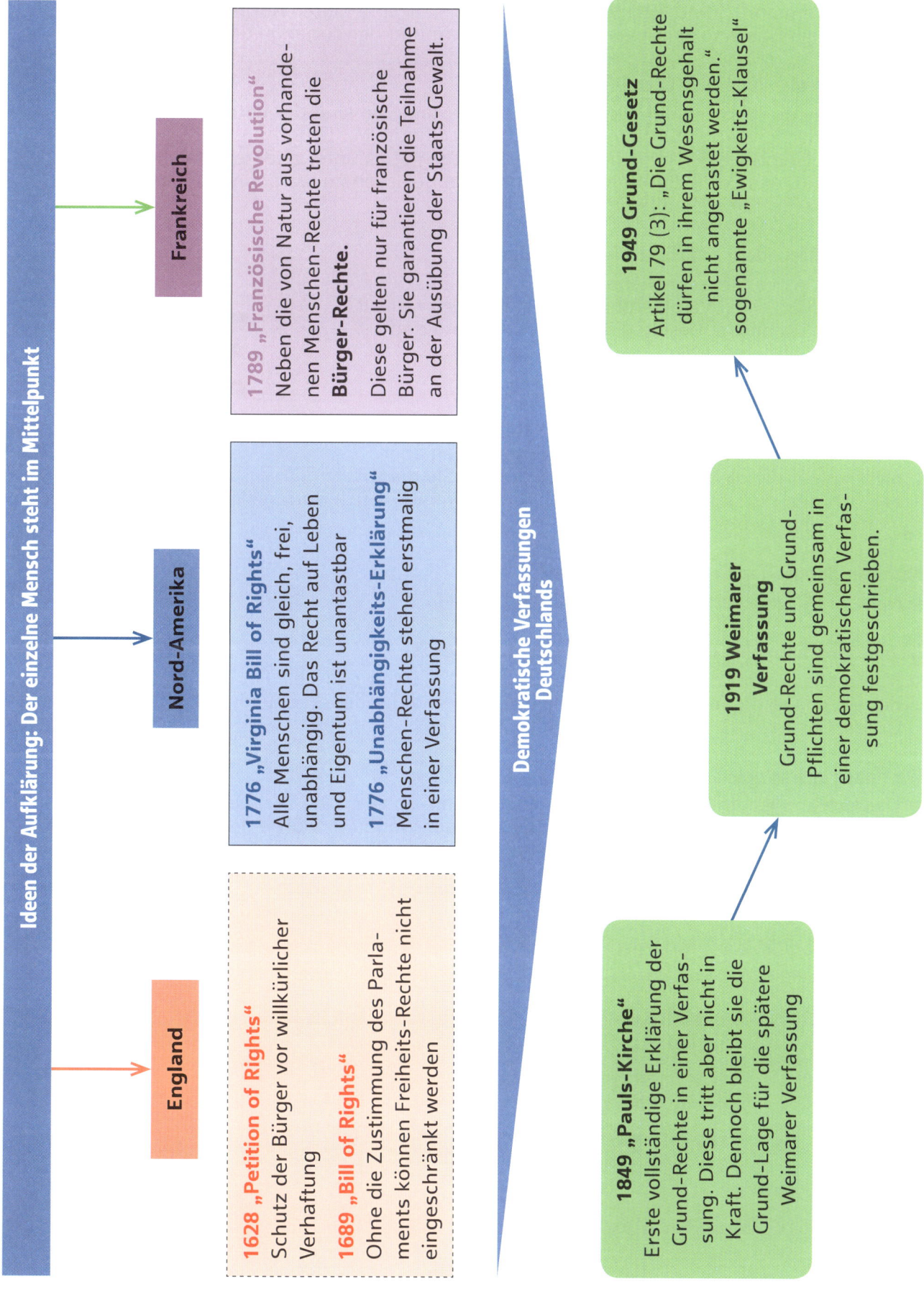

Ideen der Aufklärung: Der einzelne Mensch steht im Mittelpunkt

Frankreich

1789 „Französische Revolution"
Neben die von Natur aus vorhandenen Menschen-Rechte treten die **Bürger-Rechte.**

Diese gelten nur für französische Bürger. Sie garantieren die Teilnahme an der Ausübung der Staats-Gewalt.

Nord-Amerika

1776 „Virginia Bill of Rights"
Alle Menschen sind gleich, frei, unabhängig. Das Recht auf Leben und Eigentum ist unantastbar

1776 „Unabhängigkeits-Erklärung"
Menschen-Rechte stehen erstmalig in einer Verfassung

England

1628 „Petition of Rights"
Schutz der Bürger vor willkürlicher Verhaftung

1689 „Bill of Rights"
Ohne die Zustimmung des Parlaments können Freiheits-Rechte nicht eingeschränkt werden

Demokratische Verfassungen Deutschlands

1849 „Pauls-Kirche"
Erste vollständige Erklärung der Grund-Rechte in einer Verfassung. Diese tritt aber nicht in Kraft. Dennoch bleibt sie die Grund-Lage für die spätere Weimarer Verfassung

1919 Weimarer Verfassung
Grund-Rechte und Grund-Pflichten sind gemeinsam in einer demokratischen Verfassung festgeschrieben.

1949 Grund-Gesetz
Artikel 79 (3): „Die Grund-Rechte dürfen in ihrem Wesensgehalt nicht angetastet werden." sogenannte „Ewigkeits-Klausel"

6 Grund-Rechte in der deutschen Verfassung

Warum wird zwischen Menschen-Rechten und Bürger-Rechten unterschieden?

⇨ Es gibt Menschen-Rechte und Bürger-Rechte. Menschen-Rechte stehen jedem zu. Sie werden auch „Jedermann-Grund-Rechte" genannt. Bürger-Rechte gelten nur für deutsche Staats-Angehörige. Das sind zum Beispiel das Wahlrecht und der Zugang zu öffentlichen Ämtern.

Was versteht man unter den Grund-Rechten?

⇨ Grund-Rechte schützen den Einzelnen vor dem Staat. Sie sind der Kern der freiheitlich-demokratischen Grund-Ordnung (FdGO) Deutschlands. Mit Grund-Rechten sind die Artikel 1 bis 19 im Grund-Gesetz gemeint. Darüber hinaus gibt es unter anderem das Recht auf Widerstand, das Recht zu öffentlichen Ämtern zugelassen zu werden und das Wahlrecht. Auch diese Rechte stehen in der Verfassung.

Was ist das Besondere an Artikel 1 im Grund-Gesetz?

⇨ „Die Würde des Menschen ist unantastbar. Sie zu achten und zu schützen ist Verpflichtung aller staatlichen Gewalt." Es ist das wichtigste Gesetz. Es ist geschützt und darf niemals geändert werden.

Gelten die Grund-Rechte auch für ausländische Bürger?

⇨ In Artikel 3 Grund-Gesetz ist die Gleichstellung aller Menschen festgelegt. Ausländische Bürger haben aber nicht immer die gleichen Rechte wie Deutsche. Sie dürfen z. B. bei den meisten Wahlen nicht mit mitbestimmen. Auch dürfen sich Asyl-Bewerber nicht immer frei in Deutschland bewegen.

Kann der Bundes-Tag Grund-Rechte ändern?

⇨ Nein. Ein Grund-Recht darf nicht geändert werden.

Ist eine Einschränkung der Grund-Rechte dennoch möglich?

⇨ Nur in absoluten Ausnahmen. Zum Beispiel im Katastrophen-Fall. Für eine Einschränkung der Grund-Rechte müssen 2/3 von Bundes-Tag und Bundes-Rat zustimmen (Artikel 79 Grund-Gesetz).

Wo finden sich soziale Grund-Rechte im Grund-Gesetz?

⇨ Deutschland ist ein Sozial-Staat (Artikel 20 Grund-Gesetz). Die Verfassung nennt aber keine sozialen Grund-Rechte. Denn ein Grund-Recht auf Wohnung würde den Staat verpflichten, jedem Bürger eine angemessene Wohnung zu beschaffen. Und ein Grund-Recht auf Arbeit würde den Staat in die Pflicht nehmen, allen Bürgern einen Arbeits-Platz zu sichern. Das ist nicht die Aufgabe des Staates. Aber er hilft bei Bedarf.

Staats-Bürger-Rechte	Garantieren die politische Mitwirkung der Bürger im Staat	civil rights	حقوق المواطن
Gemein-Wohl	Gleiche Interessen aller Menschen in einer Gesellschaft	common welfare	الصالح العام
Sozial-Staat	Der Staat schützt seine Bürger vor dem Abgleiten in die Armut	welfare state	دولة الرفاه الإجتماعي
Würde	Der Wert und das Ansehen jedes Menschen	dignity	الكرامة

6 Grund-Rechte in der deutschen Verfassung

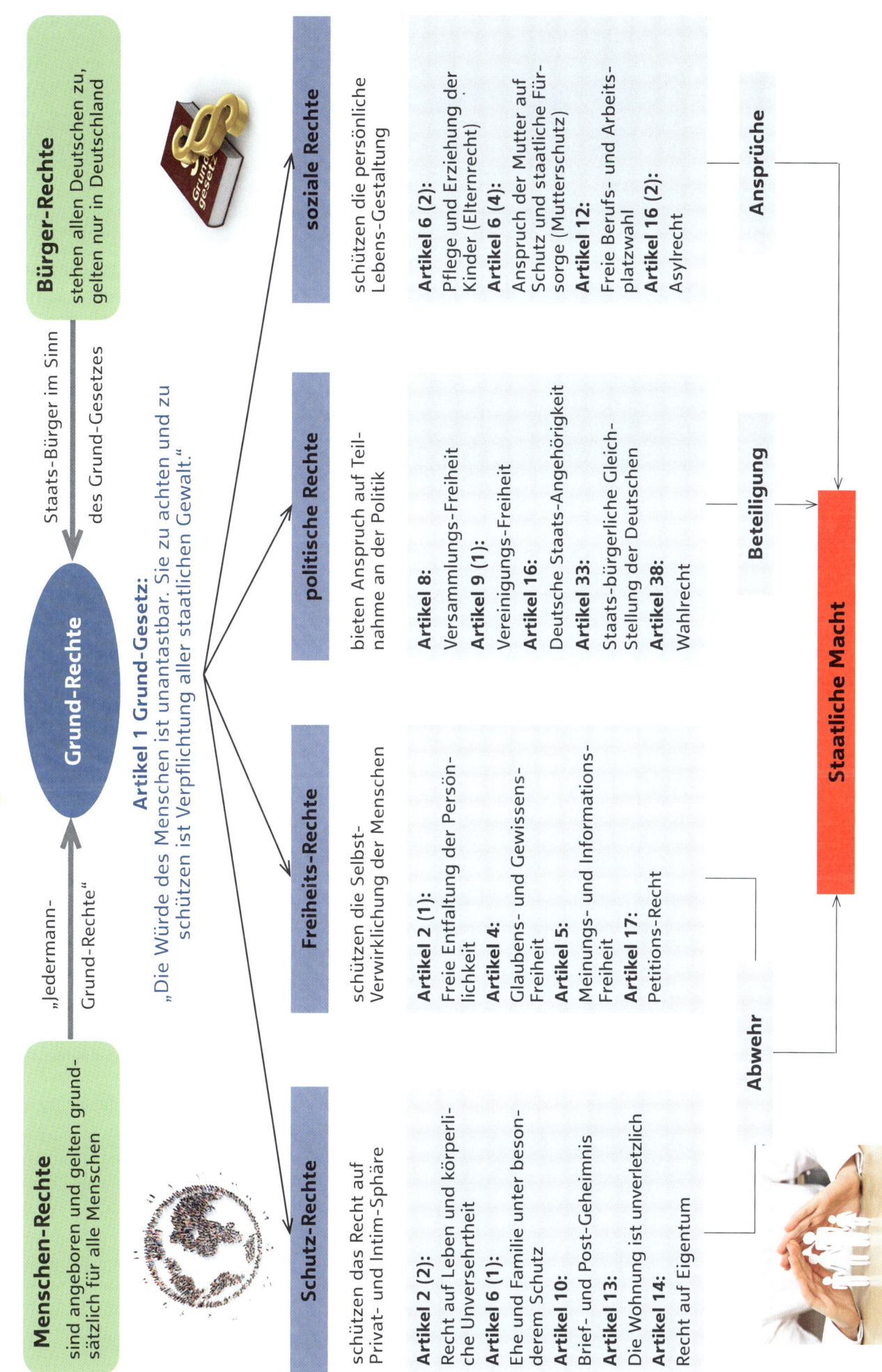

Menschen-Rechte

sind angeboren und gelten grund-sätzlich für alle Menschen

Bürger-Rechte

stehen allen Deutschen zu, gelten nur in Deutschland

„Jedermann-Grund-Rechte"

Staats-Bürger im Sinn des Grund-Gesetzes

Grund-Rechte

Artikel 1 Grund-Gesetz:

„Die Würde des Menschen ist unantastbar. Sie zu achten und zu schützen ist Verpflichtung aller staatlichen Gewalt."

Schutz-Rechte

schützen das Recht auf Privat- und Intim-Sphäre

Artikel 2 (2):
Recht auf Leben und körperli-che Unversehrtheit

Artikel 6 (1):
Ehe und Familie unter beson-derem Schutz

Artikel 10:
Brief- und Post-Geheimnis

Artikel 13:
Die Wohnung ist unverletzlich

Artikel 14:
Recht auf Eigentum

Freiheits-Rechte

schützen die Selbst-Verwirklichung der Menschen

Artikel 2 (1):
Freie Entfaltung der Persön-lichkeit

Artikel 4:
Glaubens- und Gewissens-Freiheit

Artikel 5:
Meinungs- und Informations-Freiheit

Artikel 17:
Petitions-Recht

politische Rechte

bieten Anspruch auf Teil-nahme an der Politik

Artikel 8:
Versammlungs-Freiheit

Artikel 9 (1):
Vereinigungs-Freiheit

Artikel 16:
Deutsche Staats-Angehörigkeit

Artikel 33:
Staats-bürgerliche Gleich-Stellung der Deutschen

Artikel 38:
Wahlrecht

soziale Rechte

schützen die persönliche Lebens-Gestaltung

Artikel 6 (2):
Pflege und Erziehung der Kinder (Elternrecht)

Artikel 6 (4):
Anspruch der Mutter auf Schutz und staatliche Für-sorge (Mutterschutz)

Artikel 12:
Freie Berufs- und Arbeits-platzwahl

Artikel 16 (2):
Asylrecht

Abwehr

Beteiligung

Ansprüche

Staatliche Macht

7 Grund-Rechte und Grund-Pflichten

Warum sind die Grund-Rechte für Deutsche so wichtig?

⇨ Während des National-Sozialismus wurden viele Rechte außer Kraft gesetzt. Die Menschen durften nicht mehr frei sprechen. Es gab keine Demokratie. Die Herrscher lösten damals den zweiten Welt-Krieg aus. Das darf nie wieder passieren. Deshalb ist die Bewahrung der Rechte und Pflichten so wichtig.

Was versteht man unter den Grund-Pflichten?

⇨ Sie leiten sich aus der Bewahrung der Rechte für alle ab. Das deutsche Grund-Gesetz verzichtet auf die Nennung von Grund-Pflichten. Denn in der Nazi-Zeit wurden die Pflichten sehr missbraucht.

Wozu verpflichtet Artikel 5 (3) Grund-Gesetz?

⇨ Die Freiheit der Lehre befreit nicht von der Treue zur Verfassung. Auch Lehrer müssen also die Verfassung einhalten.

Unterliegen Eltern gegenüber ihren Kindern gesetzlichen Pflichten?

⇨ Alle Eltern müssen für den Unterhalt ihrer Kinder sorgen (Artikel 6 (2) Grund-Gesetz). Das heißt, sie müssen sich um die Ernährung, Pflege und Kleidung kümmern. In den Bereich der Erziehung fallen zum Beispiel die Achtung der Menschen-Würde und der Verzicht auf Gewalt-Tätigkeiten.

Welche Rolle spielt der Artikel 12a Grund-Gesetz „Wehr- und Pflichtdienst"?

⇨ Männliche Staats-Bürger können zum Wehrdienst herangezogen werden oder müssen Ersatzdienst leisten. Seit 2011 gilt diese Bestimmung vorerst nicht mehr.

Was bedeutet der Artikel 14 (2) Grund-Gesetz „Eigentum verpflichtet"?

⇨ Ein Eigentümer hat soziale Verantwortung. Ein Beispiel: Wohn-Häuser dürfen nicht leer stehen. Mieten dürfen nicht zu teuer sein.

Welche Grund-Pflichten ergeben sich aus Artikel 2 (1) Grund-Gesetz „Handlungs-Freiheit"?

⇨ Ein Bürger darf durch sein Handeln Rechte seiner Mitbürger nicht verletzen.

Was bedeutet „Gleichheit vor dem Gesetz" in Artikel 3 Grund-Gesetz?

⇨ Alle Menschen sind vor dem Gesetz gleich. Niemand hat eine Sonderstellung. Ganz wichtig: Frauen und Männer sind gleich-berechtigt. Auf Grund von Heimat, Herkunft oder Glauben darf niemand schlechter behandelt werden.

Welche besondere Rolle hat Artikel 4 Grund-Gesetz „Religions-Freiheit"?

⇨ Jeder Mensch darf glauben, woran er möchte. Er darf selbst entscheiden, welcher Religion er angehören will.

Was beinhaltet der Artikel 5 Grund-Gesetz „Meinungs-Freiheit" ganz allgemein?

⇨ Jeder darf seine Meinung aussprechen. Es gibt keine Zensur der Medien. Aber niemand darf beleidigt oder verleumdet werden. Der Schutz der Jugend muss geachtet werden. Geheimnisse dürfen nicht einfach verraten werden, zum Beispiel Staats- oder Betriebs-Geheimnisse.

Verfassung-Treue	Alle Bürger, insbesondere Beamte, Richter und Soldaten, müssen sich an die Verfassung halten.	loyalty to the constitution	الولاء للدستور
Soziale Verantwortung	Gesellschaftliche Aspekte in unternehmerische Entscheidungen einbeziehen und einen Blick für das Umfeld haben	social responsibility	المسؤولية الإجتماعية
Ersatzdienst	Statt in der Armee Wehrdienst zu leisten kann man etwas für das Allgemeinwohl tun.	alternative service (instead of military service)	خدمة بديلة (بدلاً من الخدمة العسكرية)

7 Grund-Rechte und Grund-Pflichten

Die Grund-Rechte dienen der Freiheit der Menschen. In einer Gemeinschaft müssen wir aber auch auf unsere Mitbürger Rücksicht nehmen. Die Ausübung eines Grund-Rechts kann zur Gefährdung der Grund-Rechte anderer Bürger führen. Daher gehören zu den Grund-Rechten immer auch Grund-Pflichten. Diese werden im Grund-Gesetz nur selten ausdrücklich genannt.

I. Grund-Pflichten, die im Grund-Gesetz stehen

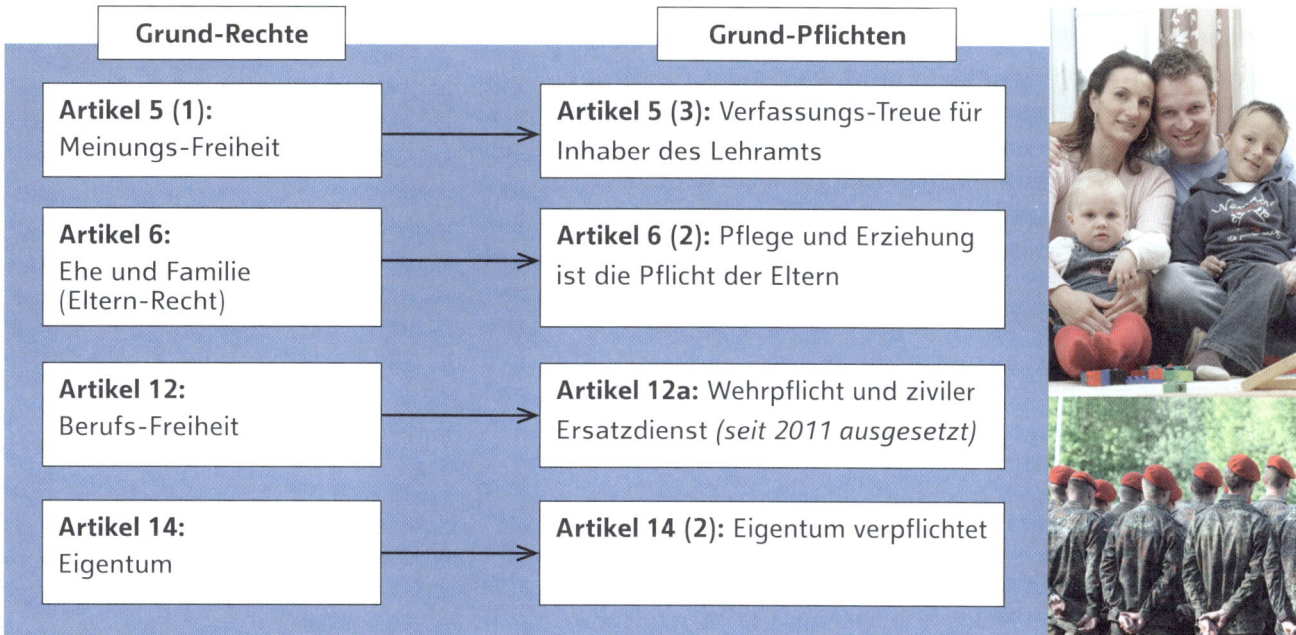

Grund-Rechte	Grund-Pflichten
Artikel 5 (1): Meinungs-Freiheit	**Artikel 5 (3):** Verfassungs-Treue für Inhaber des Lehramts
Artikel 6: Ehe und Familie (Eltern-Recht)	**Artikel 6 (2):** Pflege und Erziehung ist die Pflicht der Eltern
Artikel 12: Berufs-Freiheit	**Artikel 12a:** Wehrpflicht und ziviler Ersatzdienst *(seit 2011 ausgesetzt)*
Artikel 14: Eigentum	**Artikel 14 (2):** Eigentum verpflichtet

II. Ungeschriebene Grund-Pflichten

Grund-Rechte	Grund-Pflichten
Artikel 2: Handlungs-Freiheit	Achtung der Mitbürger, Einordnung in die Gesellschaft
Artikel 3: Gleichheit vor dem Gesetz	Verzicht auf Sonder-Stellung
Artikel 4: Glaubens-Freiheit	Religiöse Toleranz
Artikel 5: Meinungs-Freiheit	Achtung der Meinung anderer

8 Die freiheitlich-demokratische Grund-Ordnung

Die folgenden Prinzipien sind 1952 vom Bundes-Verfassungs-Gericht fest-geschrieben worden.

Warum sind Wahlen für die Demokratie wichtig?

⇨ Durch Wahlen können sich Bürger leicht an der Politik beteiligen. Mit der Wahl überträgt der Bürger die Verantwortung an einen politischen Vertreter. Die Wahl hat große Bedeutung bei der Macht-Kontrolle.

Was bedeutet der Grundsatz „Bindung an das Gesetz"?

⇨ Jedes deutsche Gesetz ist an das Grund-Gesetz gebunden. Regierung und Gerichte müssen sich an diese (geltenden) Gesetze halten.

Ist die Rolle der Opposition so wichtig wie die der Regierung?

⇨ Ja. Durch die Opposition wird die Regierung kontrolliert. Zusätzlich ergänzt sie die Regierungs-Arbeit mit eigenen Vorschlägen.

Kann eine deutsche Regierung immer an der Macht bleiben?

⇨ Nein. Alle vier Jahre gibt es neue Wahlen. In Ausnahmen kann das Parlament die Arbeit der Regierung auch in der Zwischenzeit beenden.

Kann der Staat Gerichten Vorschriften machen?

⇨ Nein. Die Richter sind unabhängig. Das ist besonders wichtig.

Wer garantiert der Menschen-Rechte?

⇨ Der Rechtsstaat. Regierung und Verwaltung müssen immer nach geltendem Recht handeln. Entscheidungen werden von unabhängigen Gerichten geprüft.

Wie lautet das grundlegende demokratische Prinzip der freiheitlich-demokratischen Grund-Ordnung (FdGO)?

⇨ Volks-Souveränität. Die oberste Gewalt in Deutschland geht vom Volk aus. Diese Volks-Souveränität steht in Artikel 20 (2) Grund-Gesetz. Der Souverän (gemeint ist der Bürger) bestimmt durch Wahlen seine Regierung.

Was versteht man unter Gewalten-Teilung in demokratischen Staaten?

⇨ Sie steht auch in Artikel 20 (2) Grund-Gesetz. Sie teilt die Macht in Exekutive (Regierung, Behörden), Legislative (Parlamente) und Judikative (Gerichte).

Verhindert das Mehr-Parteien-Prinzip einfache Regierungs-Bildungen?

⇨ Nein. Es ist wichtig, dass immer mehrere Parteien um die Macht kämpfen. So wird der Miss-brauch von Macht verhindert.

Loyalität	Die Bürger halten sich an Vorschriften und Gesetze	loyalty, allegiance	الولاء
Opposition	Dazu zählen die Parteien des Parlaments, die momentan nicht an der Macht sind	opposition	المعارضة
Rechtsstaat	Der demokratische Staat handelt nach den Verfassungs-Grundsätzen	constitutional state	دولة القانون
Souverän	der „Herrscher" eines Landes	sovereign	مستقل

8 Die freiheitlich-demokratische Grund-Ordnung

Die freiheitlich-demokratische Grund-Ordnung (FdGO) am Beispiel der Einbürgerung in Deutschland:

Ausländische Bürger, die die deutsche Staats-Bürgerschaft haben möchten, müssen sich zur FdGO bekennen. Dafür muss man die Rechts- und Gesellschafts-Ordnung und das Leben in Deutschland gut kennen.

	PLZ, Ort, Datum
Bekenntnis- und Loyalitätserklärung (Einbürgerung)	
	Sachbearbeiten(In)

Antragsteller(in)

Name	(ggf. frühere Namen)
Vorname	Geburtsdatum
Geburtsort/Geburtsland	Staatsangehörigkeit
wohnhaft in	

gibt folgendes Bekenntnis und Erklärung ab:

1. **Ich bekenne mich zur freiheitlichen demokratischen Grundordnung der Grundgesetzes für die Bundesrepublik Deutschland. Insbesondere erkenne ich an**

    a) das Recht des Volkes, die Staatsgewalt in Wahlen und Abstimmungen und durch besondere Organe der Gesetzgebung, der vollziehenden Gewalt und der Rechtsprechung auszuüben und die Volksvertretung in allgemeiner, unmittelbarer, freier, gleicher und geheimer Wahl zu wählen,

    b) die Bindung der Gesetzgebung an die verfassungsmäßige Ordnung und die Bindung der vollziehenden Gewalt und der Rechtsprechung an Gesetz und Recht,

    c) das Recht auf Bildung und Ausübung einer parlamentarischen Opposition,

    d) die Ablösbarkeit der Regierung und ihre Verantwortlichkeit gegenüber der Volksvertretung,

    e) die Unabhängigkeit der Gerichte,

    f) den Ausschluss jeder Gewalt- und Willkürherrschaft und

    g) die im Grundgesetz konkretisierten Menschenrechte.

2. **Ich erkläre, dass ich keine Bestrebungen verfolge oder unterstütze, die**

    a) gegen die freiheitliche demokratische Grundordnung, den Bestand oder die Sicherheit des Bundes oder eines Landes gerichtet sind oder

    b) eine ungesetzliche Beeinträchtigung der Amtsführung der Verfassungsorgane des Bundes oder eines Landes oder ihrer Mitglieder zum Ziele haben oder

    c) durch Anwendung von Gewalt oder darauf gerichtete Vorbereitungshandlungen auswärtige Belange der Bundesrepublik Deutschland gefährden.

Ort, Datum	Unterschrift des Erklärenden

9 Wert-Vorstellungen in der Demokratie

Welche sozialen Werte und Welt-Anschauungen haben einen hohen Stellen-Wert in Deutschland? (Auswahl)

Familie
⇨ Die Familie ist auch den Deutschen sehr wichtig. Sie ist für viele das Fundament der Gesellschaft.

Ehrlichkeit
⇨ Offener und aufrichtiger Umgang untereinander.

Gerechtigkeit
⇨ Das Streben nach Gerechtigkeit ist die Grundlage für das staatliche und persönliche Handeln.

Respekt
⇨ Anerkennung und Wertschätzung von Mitbürgern und staatlichen Einrichtungen.

Freiheit
⇨ Wie alle Menschen wollen die Deutschen unabhängig, nicht unterdrückt oder eingesperrt sein.

Hilfs-Bereitschaft
⇨ Immer bereit sein, in Not geratenen Menschen zu helfen.

Verantwortungs-Gefühl
⇨ Deutschland steigt beispielsweise aus Verantwortung für künftige Generationen aus der Atom-Energie aus.

Zuverlässigkeit
⇨ Viele Deutsche finden es sehr wichtig, dass getroffene Absprachen eingehalten werden. Auch Pünktlichkeit hat in Deutschland einen hohen Stellen-Wert.

Höflichkeit
⇨ Freundlicher und zuvorkommender Umgang unter Mitbürgern.

Bildung
⇨ Lebenslange Weiter-Bildung der Menschen in Deutschland ohne willkürliche staatliche Barrieren.

Sicherheit
⇨ Die Gewissheit der Bevölkerung Deutschlands, dass sie in innerem und äußerem Frieden leben können.

Unabhängigkeit
⇨ Die persönliche Unabhängigkeit ist frei von Bevormundung durch den Staat.

Friedfertigkeit
⇨ Beseitigung von Streitigkeiten untereinander mit friedlichen Mitteln.

Toleranz
⇨ Achtung und Duldung anderer Auffassungen und Meinungen.

Fleiß
⇨ Viele Deutsche finden es gut, gemeinsam durch konzentriertes, zielstrebiges Arbeiten Ziele zu erreichen.

Vertrauen
⇨ Feste Überzeugung von der Verlässlichkeit einer Person.

Leistungs-Bereitschaft
⇨ Der Wille, im Rahmen der persönlichen Fähigkeiten gestellte Aufgaben zu erfüllen.

Lebens-Genuss
⇨ Freude an den Schönheiten des Lebens und Selbst-Verwirklichung.

Mut
⇨ Sich unter Umständen bewusst in Gefahr begeben, obwohl man Angst hat, etwas zu riskieren.

Religiöser Glaube
⇨ Die Freiheit des Glaubens, des Gewissens und des religiösen Bekenntnisses ist unantastbar.

Patriotismus
⇨ Ist in Deutschland kein Nationalismus, sondern „Vater-Lands-Liebe" mit dem klaren Bekenntnis zur freiheitlich-demokratischen Grund-Ordnung.

Weitere wichtige Normen oder Tugenden sind zum Beispiel Treue, Disziplin und Pflicht-Bewusstsein.

Werte	In der Gesellschaft als moralisch für gut befundene Eigenschaften	values	القيم
Fundament	Hier: die rechts-staatliche Basis der Gesellschaft	base, foundation	أصول
Soziale Normen	Verhaltens-Regeln bzw. Wert-Vorstellungen in einer Gesellschaft	social standards	المعايير الاجتماعية
Tugend	wertvolle Eigenschaften eines Menschen	virtue	الفضيلة

9 Wert-Vorstellungen in der Demokratie

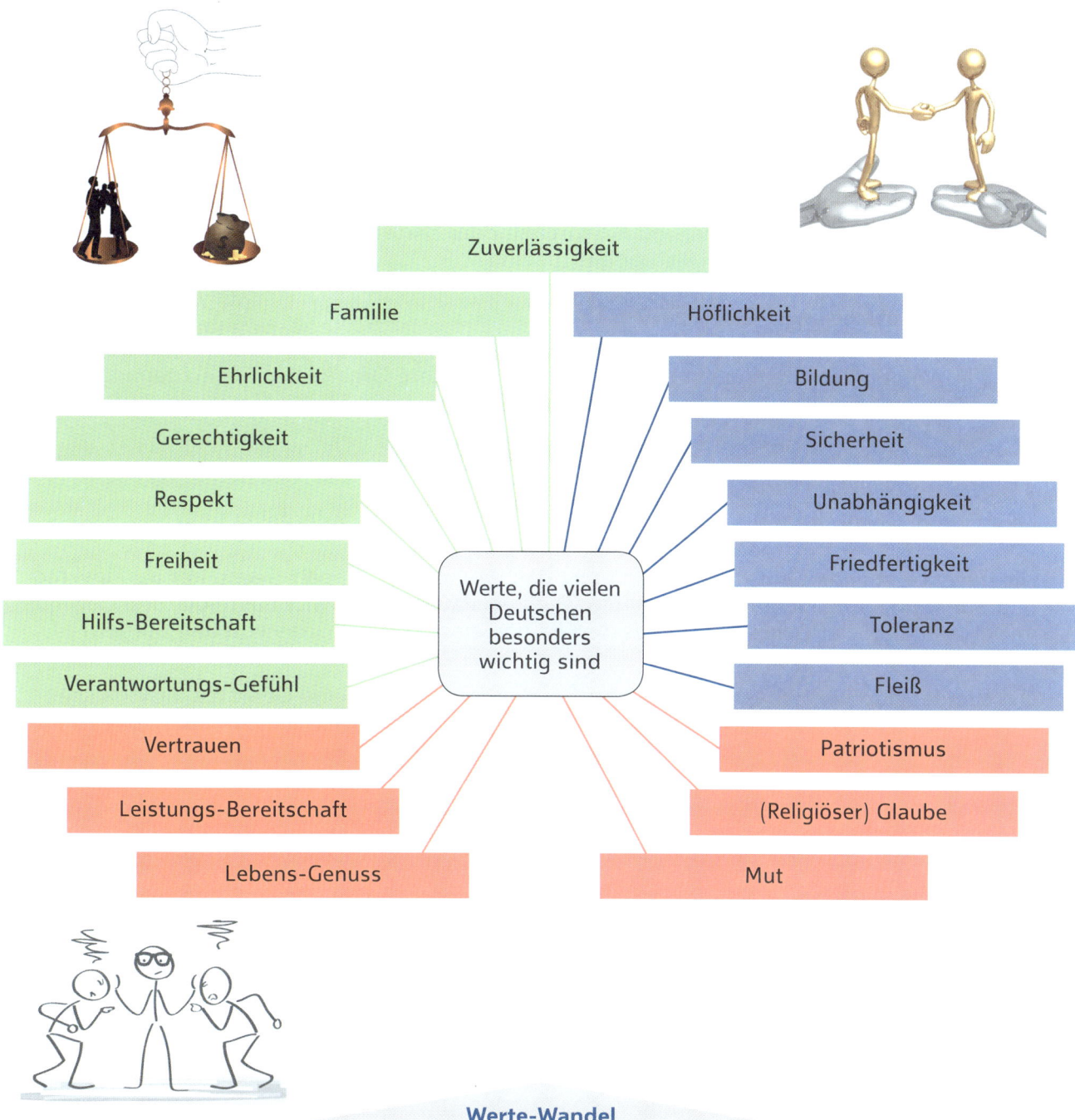

Werte-Wandel

Soziale Normen unterliegen in einer Demokratie einem ständigen Wandel der Werte. Früher war Gehorsam wichtig. Heute ist dagegen Selbst-Bestimmung sehr wichtig. Solche Änderungen hängen immer von geltendem Recht und Moral ab.

Hinweis:

Es stellt sich immer die Frage, welche Werte derzeit das Denken und Handeln der Deutschen bestimmen. Bei dieser Zusammen-Stellung handelt es sich um ausgesuchte Begriffe, deren Bedeutung für deutsche Bürger besonders wichtig erscheinen. Auch stehen sie hier nicht in einer bestimmten Reihenfolge. Um allerdings einen groben Eindruck ihrer Bedeutung zu geben, sind die häufigsten Werte grün, die seltener genannten blau und die weniger wichtigen rot gekennzeichnet.

10 Gewalten-Teilung

Was bedeutet der Begriff „Gewalten-Teilung"?

⇨ Verteilung der Macht auf verschiedene Institutionen. Schon vor 300 Jahren stellten europäische Denker fest, dass die staatliche Macht nicht in der Hand eines einzigen Menschen liegen sollte. Um die Bürger zu schützen, muss staatliche Macht durch Gewalten-Teilung eingeschränkt werden.

Gehört die Gewalten-Teilung heute zur Voraussetzung einer richtigen Demokratie?

⇨ Ja. In Ländern ohne Demokratie sind Monarchen oder Diktatoren oft Regierungs-Chef, oberster Gesetz-Geber und oberster Richter gleichzeitig.

Was sagt das deutsche Grund-Gesetz zu dem Thema?

⇨ In Artikel 20 (2) Grund-Gesetz steht, alle Staats-Gewalt geht vom Volke aus. Sie wird vom Volke in Wahlen und Abstimmungen bestimmt. Besondere Organe der Gesetzgebung, der vollziehenden Gewalt und der Recht-Sprechung vollziehen die Staats-Gewalt im Auftrag des Volkes.

Wie wird dieser Artikel in die deutsche Praxis umgesetzt?

⇨ Laut Grund-Gesetz wird die staatliche Macht in drei Gewalten aufgeteilt:

1. Die gesetz-gebende Gewalt (Legislative) ist das Parlament. Es heißt Deutscher Bundes-Tag und hat seinen Sitz im Berliner Reichstag. Die Legislative ist die wichtigste der drei Gewalten in Deutschland. Der Deutsche Bundes-Tag ist das einzige Organ, das von den Bürgern gewählt wird.

   Der Bundes-Tag kontrolliert die deutsche Bundes-Regierung. Seine Gesetzes-Beschlüsse werden vom Bundes-Verfassungsgericht überprüft.

2. Die vollziehende bzw. ausführende Gewalt (Exekutive) ist die Bundes-Regierung. Sie hat ihren Sitz auch in der Hauptstadt Berlin. Die Bundes-Kanzlerin arbeitet im Bundes-Kanzleramt. Die Bundesministerien sind in Berlin (und zum Teil Bonn). Die Bundes-Regierung wird vom Bundes-Tag und dem Bundes-Verfassungsgericht überprüft.

3. Die recht-sprechende Gewalt (Judikative) ist in erster Linie das Bundes-Verfassungsgericht. Es sitzt in Karlsruhe. Es sorgt für die Einhaltung der Gesetze auf Basis des Grund-Gesetzes durch die Bundes-Regierung und das Parlament.

Welche Absichten verfolgt das Prinzip der Gewalten-Teilung?

⇨ Die Teilung der Staats-Macht verhindert den Missbrauch von Macht, weil sich die Staats-Organe gegenseitig kontrollieren. So kann das deutsche Parlament keine Gesetze beschließen, die gegen die Grundsätze der Verfassung verstoßen. Für einen Kriegs-Einsatz braucht die Bundes-Regierung die Zustimmung des Bundes-Tags.

Was bedeutet die häufig angesprochene „vierte Gewalt"?

⇨ Gemeint sind die Medien (Zeitungen, Rundfunk, Fernsehen, Internet u. a.). Sie sollen das Volk informieren. Durch Kritik und Vorschläge tragen sie zur Meinungs-Bildung in der Gesellschaft bei. Die Bürger können so die Politik beeinflussen. Die vierte Gewalt ist nicht im Grund-Gesetz genannt.

| Monarchie | Staatsform, bei der eine einzelne Person die Herrschaft ausübt | monarchy | نظام ملكي |
| Demokratie | Herrschaft des Volkes; alle Bürger haben die gleichen Rechte und Pflichten | democracy | نظام ديمقراطي |

10 Gewalten-Teilung

Grund-Gesetz Artikel 20 (2):

Alle Staatsgewalt geht vom Volke aus. Sie wird vom Volke in Wahlen [...] und durch besondere Organe der Gesetzgebung, der vollziehenden Gewalt und der Rechtsprechung ausgeübt.

Gewalten-Teilung gibt es in jeder richtigen Demokratie. In nicht-demokratischen Ländern sind Diktatoren Regierungschef, oberster Gesetzgeber und oberster Richter in einer Person. In Deutschland ist die Macht in mehrere Gewalten aufgeteilt:

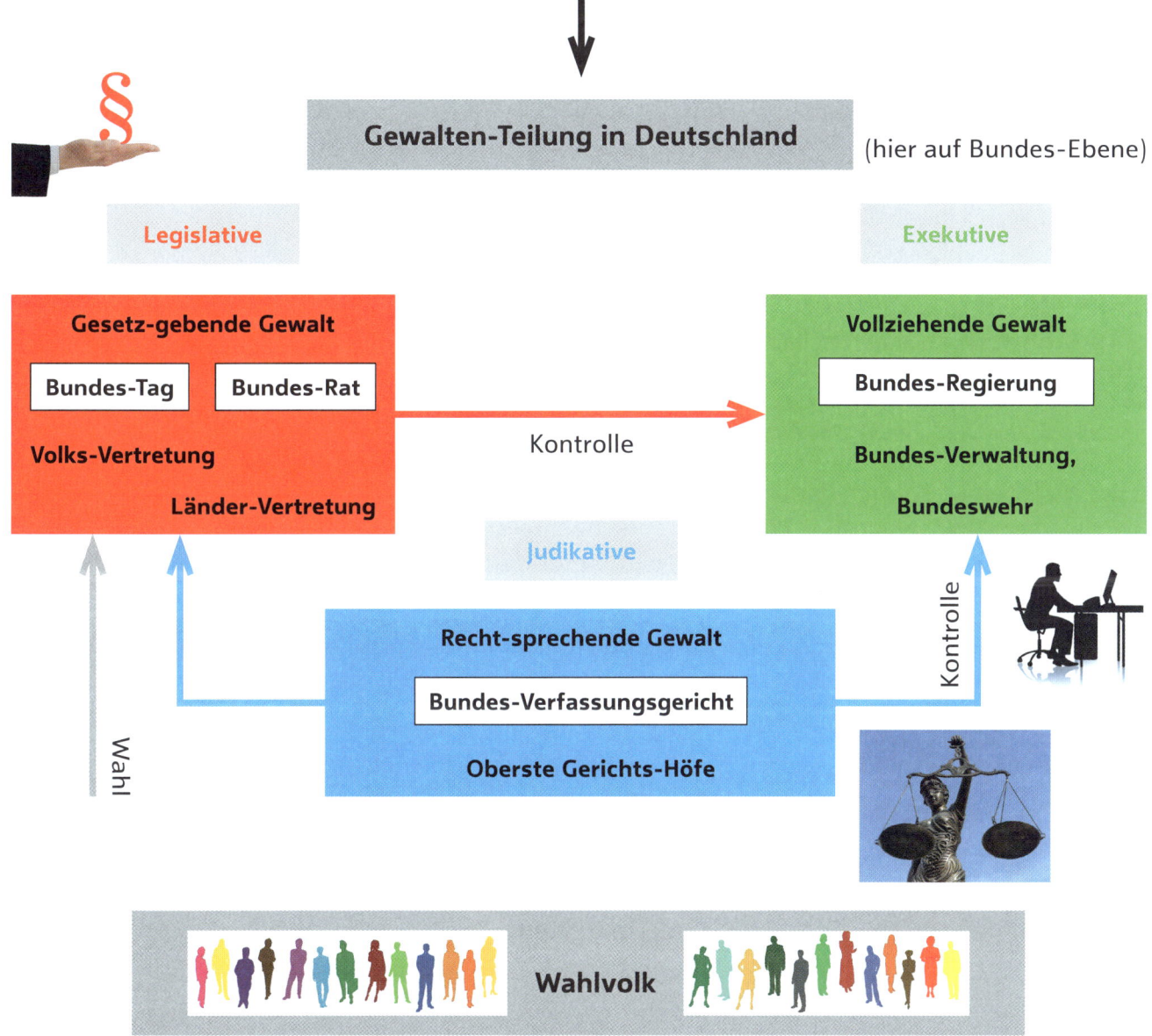

Die Gewaltenteilung hat folgende Zielsetzung:

- Durch die Teilung und Beschränkung der Macht wird Macht-Missbrauch erschwert.
- Die einzelnen Staatsorgane kontrollieren sich gegenseitig.
- Die Rechte der Bürger gegenüber dem Staat werden gewahrt. Durch unabhängige Gerichte besteht Rechtsschutz für jeden Einzelnen.

11 Macht-Verteilung zwischen Bund, Ländern und Gemeinden

Was bedeutet der Begriff „Föderalismus"?

⇨ Unter Föderalismus versteht man in Deutschland die Zusammenfassung mehrerer Einzel-staaten (Bundes-Länder) zu einem Gesamtstaat (Bund), wobei die Staatsmacht auch auf die Länder (16 Bundes-Länder) verlagert ist.

Garantiert der Föderalismus den Menschen mehr Demokratie?

⇨ Die Bürger können in ihrem Bundes-Land an Landtags- und Gemeinde-Wahlen teil-nehmen. Dadurch haben sie Einfluss auf die Politik. Außerdem bietet die politische Aufteilung in Bund und Länder einen Schutz vor Macht-Missbrauch.

Ist die Bundes-Regierung damit einverstanden, wichtige Aufgaben an die Landes-Regierungen abzugeben?

⇨ Ja. So kann sich die Bundes-Regierung auf Zuständigkeiten wie z. B. Außen-Politik, Verteidigungs-Politik oder Währungs-Politik konzentrieren.

Welchen Vorteil haben die Bürger dadurch?

⇨ Landes-Politiker können regionale Probleme schneller lösen als Bundes-Politiker. Sie kennen sich in der Region gut aus und stehen den Menschen näher.

Welchen persönlichen Nutzen haben die Bürger?

⇨ Die Kontrolle der Länder-Regierungen durch die Bevölkerung wird erleichtert. Regionale Zusammenhänge sind überschaubarer und damit für die Menschen verständlicher. Außerdem sind Landes-Politiker mit den Problemen ihrer Region eher vertraut (Bürger-Nähe).

Hat der Föderalismus auch Nachteile?

⇨ Die Vorteile überwiegen. Es gibt aber auch Nachteile:

* Neben Bundes-Tag und Bundes-Regierung gibt es noch weitere 16 Parlamente und Regie-rungen. Dies kostet viel Geld und ist sehr aufwendig.

* Die verschiedenen Organe von Bund und Ländern müssen häufig Verhandlungen führen, die oft sehr lange dauern.

* Die gegensätzlichen Interessen von Bund und Ländern führen oft zu Kompromissen, die nicht von allen verstanden werden, auch weil sie nicht die geeignete Antwort auf ein Problem sind.

* Für viele Menschen in Deutschland ist der Staats-Aufbau mit seinen verschiedenen Zustän-digkeiten schwer durchschaubar.

* Die Eigenständigkeit der Länder, z. B. ihre „Kultur-Hoheit", kann dazu führen, dass Schüler beim Umzug in ein anderes Bundes-Land schulische Probleme bekommen.

Einheits-Staat	Staatsgewalt wird zentral über das ganze Land ausgeübt	centralized state	دولة موحدة
Macht-Missbrauch	Der Staat missachtet Menschen-Rechte und Bürgerrechte	abuse of power	سوء استخدام السلطة
Politischer Kompromiss	Friedliche Einigung bei gegensätzlichen Standpunkten	political compromise	تسوية سياسية
Kultur-Hoheit	Die alleinige Zuständigkeit der Länder, z. B. im Schulwesen	cultural sovereignty	السيادة الثقافية

11 Macht-Verteilung zwischen Bund, Ländern und Gemeinden

Das heutige Deutschland ist aus einer Vielzahl früher unabhängiger Länder (Monarchien) mit eigener Identität entstanden. Vor dem Hintergrund der Nazi-Herrschaft war der Schutz vor weiterem Macht-Missbrauch notwendig. Die Bezeichnung „Bundes-Republik Deutschland" gibt schon den Hinweis, dass der Gesamt-Staat aus Bundes-Ländern besteht. Die 16 Bundes-Länder haben eigene Zuständigkeiten, die sie selbstständig wahrnehmen können. Auch Landkreise, Städte und Gemeinden bilden einen Gegenpol zur staatlichen Macht des Bundes – allerdings sorgt der Föderalismus immer für Diskussionen.

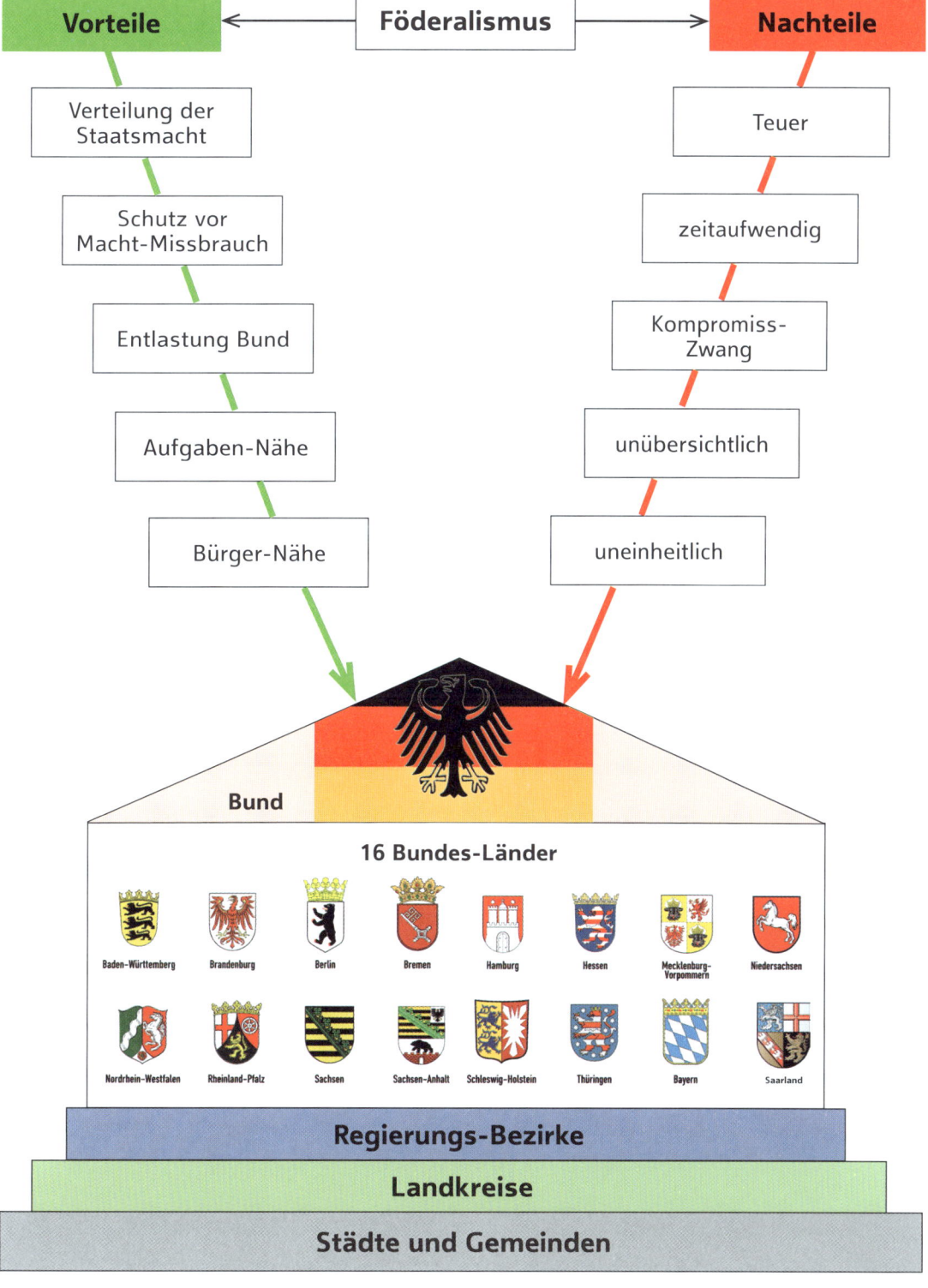

12 Freie Presse in Deutschland

Welche Rolle spielt die Freiheit der Presse in der Demokratie?

⇨ Presse-Freiheit bedeutet in der Demokratie, die eigene Meinung gefahrlos äußern zu können und sich jederzeit Informationen beschaffen zu können. Dies gilt für alle Medien wie Internet, Fernsehen, Bücher und Zeitungen.

Gibt es eine Garantie für die Presse-Freiheit in Deutschland?

⇨ Der Artikel 5 (1) des Grund-Gesetzes garantiert die Freiheit der Meinungs-Äußerung, der Information, der Bericht-Erstattung und das Zensur-Verbot.

Ist die Freiheit in der Bericht-Erstattung grenzenlos?

⇨ Nein. Es gibt eine freiwillige Selbstkontrolle durch den deutschen Presserat. Das Ziel ist eine verantwortungsvolle Bericht-Erstattung. Dies bezieht sich insbesondere auf den Schutz des Privat-Lebens (Verleumdung, üble Nachrede, Beleidigung) und das Recht auf Gegen-Darstellung. Die Presse-Freiheit wird beschränkt durch Artikel 5 (2) und Artikel 18 Grund-Gesetz.

Was sind die wichtigsten Aufgaben einer Zeitung?

⇨ Die Tages-Zeitung wirkt an der politischen Meinungs-Bildung der Bevölkerung mit. Sie fördert das Interesse an Politik. Das setzt die vollständige, sachlich richtige und verständliche Information voraus. Ebenso wichtig für die Leserschaft ist die Auswahl und Aufbereitung von Nachrichten und Informationen. Darüber hinaus können die Bürger ihre Meinung zu aktuellen Fragen in Leser-Briefen kundtun. Die Tages-Zeitung dient manchmal auch der Unterhaltung.

Auf welche Beeinträchtigungen der Presse-Freiheit sollten Leser achten?

⇨ Teure Groß-Anzeigen von Unternehmen können die Redaktion in ihrer freien Bericht-Erstattung beeinflussen. Eine weitere Einschränkung der Presse-Feiheit kann von der Nähe zu einer bestimmten politischen Partei ausgehen. Befinden sich verschiedene Zeitungen unter einem Dach, besteht die Gefahr einer einseitigen Bericht-Erstattung durch Presse-Konzentration. Im Übrigen ist immer auf mögliche Druck-Fehler und ungewollte Verwechslungen zu achten.

Wie können sich die Leser vor einseitiger Beeinflussung durch Presse-Organe schützen?

⇨ Man sollte die politische Einstellung einer Zeitung herausfinden und mit den Informationen in anderen Zeitungen vergleichen. Im Zweifel sollte man Kontakt zur Redaktion aufnehmen und eine Gegen-Darstellung fordern.

Wann spricht man von der „vierten Gewalt" in Deutschland?

⇨ Wenn Medien den Staat zu stark kontrollieren oder kritisieren, nehmen sie Einfluss auf das politische Geschehen. Viele bezeichnen die Medien dann als „vierte Gewalt" im Staat.

Freie Meinungs-Äußerung	Recht auf die Verbreitung einer Meinung in Wort, Schrift und Bild	freedom of expression	حرية التعبير عن الرأي
Presse-Organe	Zeitungen und Zeitschriften einer Partei oder Behörde	organs (media)	أجهزة الصحافة والإعلام
Zensur-Verbot	Staat hat keine Kontrolle über die Bericht-Erstattung in Deutschland	prohibition of censorship	منع الرقابة
Verleumdung	bewusste Verbreitung einer falschen Behauptung über Personen	libel, defamation	التشهير

12 Freie Presse in Deutschland

Freie Bericht-Erstattung am Beispiel Zeitung

Schranken

Artikel 5/2 + 18 Grund-Gesetz

Einschränkung

Recht der persönlichen
Ehre, z. B. Schutz des
Privatlebens, Recht auf
Gegendarstellung
- Jugendschutz
- Landesverrat

Presse-Freiheit

umfasst die Freiheit, die
Tendenz einer Zeitung
festzulegen, beizubehalten,
zu ändern und diese
Tendenz zu verwirklichen.
Dies ist eine Grund-
Bedingung der Presse, wie
sie durch Artikel 5 Absatz
1 im Grund-Gesetz gewähr-
leistet wird.

Garantie

Artikel 5/1 Grund-Gesetz

Freiheit

- der Meinungs-Äußerung
- der Information und
  Unterrichtung
- der Bericht-Erstattung

Politische Aufgaben der Zeitung

Nicht nur für Information und
Unterhaltung sorgen, sondern
die öffentliche Meinung gegenüber dem Staat fördern durch:

- vollständige, objektive und
  verständliche Berichte
- Wecken von Interesse am
  politischen Alltag
- Verbreitung von Meinungen,
  Kommentaren, Leser-Briefen
- Anregung der Leserschaft
- Kritik und Kontrolle staatli-
  cher Gewalt

So schützt sich der Leser

- politische Einstellung der
  Zeitung herausfinden
- Nachrichten-Vergleich
  mit anderen Zeitungen
  und Medien
- Kontakt zu Redaktionen

Bleibt die Frage:
Ist die Presse die „vierte
Gewalt" in Deutschland?

Gefahren der Presse-Freiheit

Wirtschaftlich:

- Abhängigkeit von
  Anzeigen
- Pressekonzentration

Politisch:

- zu starker Parteieinfluss
- Zensur durch Verleger

Redaktionell:

- aus Versehen: Druck-
  fehler, Verwechslungen
- bewusst: halbwahre
  Bericht-Erstattung,
  Bild-Retusche

13 Politische Entscheidungen

Ist es Aufgabe des Staates, offene Streitigkeiten in der Gesellschaft zu lösen?

⇨ Nein. Die Bürger Deutschlands leben in einer pluralistischen Gesellschaft. Die Menschen können neben den Wahlen auch am politischen Geschehen mitwirken. Sie müssen Streit-Fragen untereinander regeln, ohne dass der Staat sich sofort einschaltet. Diese Meinungs-Vielfalt führt zu einer Verteilung der Macht auf Gruppen und Einzel-Personen. Dies spiegelt den Grund-Gedanken der Demokratie wider. Im Folgenden wird der Ablauf eines demokratischen Entscheidungs-Prozesses dargestellt:

1	In Deutschland gibt es häufig große Streit-Fragen, die die Bürger unmittelbar betreffen. So kann z. B. die Planung einer Bahn-Strecke durch ein Natur-Schutz-Gebiet nicht ohne die Zustimmung der betroffenen Menschen geschehen. Da der Bau der Trasse nicht allen gefällt, müssen sich die Befürworter mit den Gegnern einigen.
2	Die Befürworter (Staat, Bundes-Bahn, Reisende) geben vor, dass der Bau im Sinne aller Betroffenen dem Gemein-Wohl dient, während sich die Gegner (Anlieger, Umwelt-Gruppen, Gemeinden) in erster Linie um die Umwelt sorgen.
3	Zunächst sieht es häufig so aus, dass konkurrierende Gruppen und Personen keine Übereinstimmung finden können. Wichtig ist dabei, dass sich alle Betroffenen gut informieren, insbesondere auch über die Absichten der anderen Seite.
4	Nach einer gewissen Zeit des Nachdenkens und vieler Diskussionen wird es nötig, dass sich aus verschiedenen Meinungen langsam handlungs-fähige Gruppen bilden.
5	Jetzt kommen die ersten Aktionen: Die Bürger demonstrieren, schließen sich zusammen und andere Gruppen spannen die Parteien für ihre Interessen ein.
6	Der Zusammenprall der gegensätzlichen Stand-Punkte ist aber in der Regel keine Gefahr für die Demokratie. Im Gegenteil: Der friedliche Wettstreit zwischen Parteien, Verbänden, Bürger-Initiativen, Kirchen und anderen garantiert die beste mögliche Lösung.
7	Um zu einem Kompromiss zu kommen, muss nun der Konflikt durch sinnvolle Lösungs-Vorschläge aller Beteiligten geregelt werden.
8	Können die Interessens-Unterschiede nicht auf dem Verhandlungs-Weg behoben werden, bemühen die gegnerischen Parteien einen anerkannten Vermittler. Scheitert auch dieser Versuch, kann es zur gerichtlichen Beilegung des Rechtsstreits führen.
9	In *diesem* Fall finden die Beteiligten eine freiwillige Übereinkunft. Ein solcher Kompromiss bedeutet den Verzicht beider Seiten auf Teile der jeweils gestellten Forderungen.
10	Die spätere Verwirklichung des Kompromisses (Bau der Strecke) verlangt von allen Toleranz und Gewalt-Verzicht – dies sind wichtige Grundlagen der Demokratie!

Meinungs-Vielfalt	Unterschiedliche Ansichten	plurality of opinion	تعدد الاراء
Natur-Schutz-Gebiet	Orte, in denen Natur und Landschaft besonders geschützt werden	nature protection area, natural reserve	محميَّة طبيعيَّة

13 Politische Entscheidungen

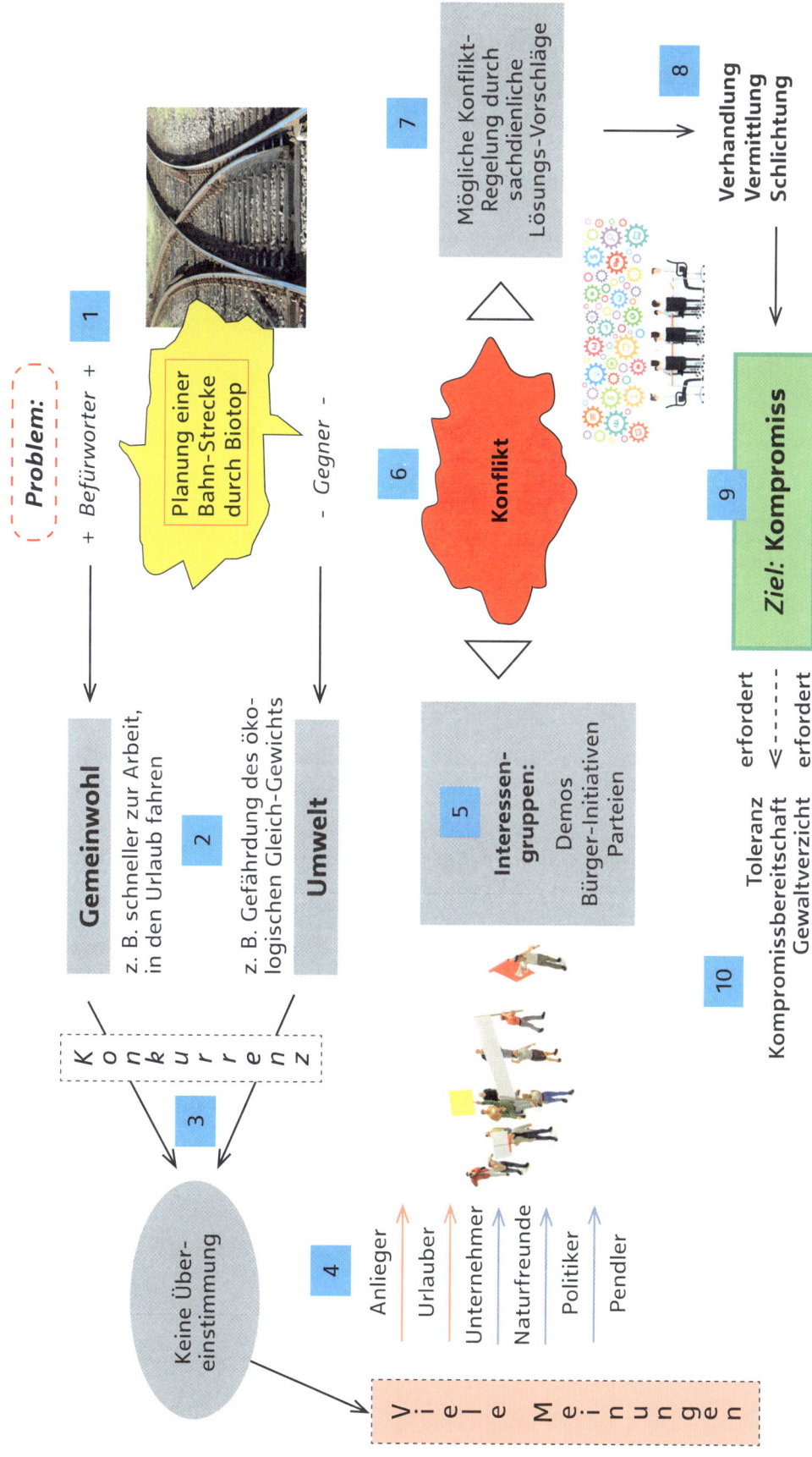

1 Problem:

+ Befürworter +

Planung einer Bahn-Strecke durch Biotop

- Gegner -

2 Gemeinwohl

z. B. schneller zur Arbeit, in den Urlaub fahren

Umwelt

z. B. Gefährdung des ökologischen Gleich-Gewichts

Konkurrenz

3 Keine Über-einstimmung

4 Anlieger / Urlauber / Unternehmer / Naturfreunde / Politiker / Pendler

Viele Meinungen

5 Interessen-gruppen: Demos, Bürger-Initiativen, Parteien

6 Konflikt

7 Mögliche Konflikt-Regelung durch sachdienliche Lösungs-Vorschläge

8 Verhandlung, Vermittlung, Schlichtung

9 Ziel: Kompromiss

10 Toleranz erfordert Kompromissbereitschaft erfordert Gewaltverzicht

14 Wahlen zum Deutschen Bundes-Tag

Warum wird in Deutschland gewählt?

⇨ Nur durch Wahlen kann das Volk wirklich mitbestimmen. Die Bürger nehmen mit der Wahl Einfluss auf die Politik und kontrollieren damit auch die Bundes-Regierung.

Wie oft wird der Deutsche Bundes-Tag in Berlin gewählt?

⇨ Nach vier Jahren wird der Bundes-Tag neu gewählt. Die Wahl findet am Wahl-Sonntag in der Wahl-Kabine statt. Man macht zwei Kreuze auf dem Wahl-Zettel. Man kann auch gesondert per Brief wählen.

Wer kann an Bundes-Tags-Wahlen teilnehmen?

⇨ Deutsche Frauen und Männer, die das 18. Lebensjahr vollendet haben (aktives Wahlrecht). Sie müssen seit mindestens drei Monaten in der Bundes-Republik Deutschland wohnen. Sie dürfen nicht vom Wahlrecht ausgeschlossen sein. Sie müssen im Wähler-Verzeichnis ihrer Heimat-Gemeinde geführt werden.

Müssen beim Wahl-Vorgang bestimmte Regeln eingehalten werden?

⇨ Ja. Es gelten fünf Grundsätze, die bei der Wahl vorgeschrieben sind. So bedeutet

- *allgemeine* Wahl: Alle wahlberechtigten Staats-Bürger können an der Wahl teilnehmen – egal welcher Religion oder Rasse sie sich zugehörig fühlen oder wie ihre Bildung ist.
- *unmittelbare* Wahl: Die Abgeordneten des Bundes-Tags werden direkt vom Volk gewählt.
- *freie* Wahl: Wähler geben ihre Stimme unabhängig und ohne Druck ab.
- *gleiche* Wahl: Jede Stimme zählt gleich, egal ob arm oder reich, berühmt oder unbekannt.
- *geheime* Wahl: Niemand kann nachprüfen, wofür sich der Wähler entschieden hat.

Was versteht man unter der „personalisierten Verhältniswahl"?

⇨ Der Bundes-Tag wird nach dem Prinzip der sogenannten personalisierten Verhältniswahl gewählt. Dieses verbindet zwei Wahlsysteme miteinander – die Verhältniswahl und die Mehrheitswahl.

Welche Bedeutung hat die Erst-Stimme bei der Mehrheits-Wahl?

⇨ Der Wähler stimmt für einen namentlich bekannten Wahlkreis-Kandidaten (Personen-Wahl). Der Wahlkreis-Kandidat mit den meisten Stimmen sitzt anschließend als Abgeordneter im Bundes-Tag (Mehrheits-Wahl). Vorteile sind eine enge Bindung von Wählerschaft und Kandidaten und eine einfache Regierungs-Bildung. Nachteil ist, dass unterlegene Stimmen nicht berücksichtigt werden und verfallen.

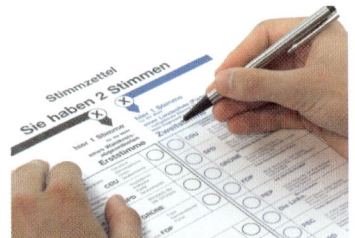

Warum ist die Zweit-Stimme die wichtigere Stimme?

⇨ Mit dieser Stimme wählt der Bürger die Landes-Liste einer Partei nach dem Verhältnis-Wahlrecht. Die Zweit-Stimme bestimmt, welche Partei am Ende die meisten Parlaments-Sitze erhält. Diese Partei darf den Kanzler stellen. Die 5%-Klausel sagt, dass jede Partei mindestens fünf Prozent der abgegebenen Zweit-Stimmen erzielen muss, um in den Bundes-Tag einziehen zu können.

Aktives Wahlrecht	Das Recht eines Menschen, sich an einer Wahl durch Stimmabgabe zu beteiligen, zu wählen	right to vote	حق الإنتخاب الفاعل
Passives Wahlrecht	Das Recht, sich als Kandidat für eine Wahl zur Verfügung zu stellen, dass man gewählt werden darf	right to be elected	حق الإنتخاب السلبي
Partei	Zusammenschluss von Menschen, die ähnliche politische Meinungen oder Ziele vertreten	party	حزب
Kandidat	Bewerber oder Anwärter für eine Position	candidate	مرشح

14 Wahlen zum Deutschen Bundes-Tag

Durch Zusammenfügen von Personen-Wahl und Verhältnis-Wahl ergibt sich die

personalisierte Verhältnis-Wahl

Vorteile:
- jede Stimme zählt
- Verteilung der Sitze nach dem Verhältnis der Stimmen

Nachteile:
- Kandidat ist dem Wähler meist nicht bekannt
- unklare Mehrheits-Verhältnisse
- Tendenz zu langwierigen Koalitions-Verhandlungen

Zweit-Stimme
für die Landesliste einer Partei

Verhältnis-Wahl
entscheidet über die Zusammensetzung des Bundes-Tags
= Parteien-Wahl

×

18. Deutscher Bundes-Tag aktuell 630 Sitze

332

298

Erst-Stimme
für einen Wahlkreis-kandidaten

Mehrheits-Wahl
namentliche Wahl von 298 Kandidaten mit einfacher Mehrheit
= Personen-Wahl

×

Vorteile:
- Wahl von Einzel-Personen
- damit engere Bindung an die Wählerschaft
- einfache Regierungs-Bildung
- weniger Parteien

Nachteile:
- unterlegene Stimmen bleiben unberücksichtigt
- kleine Parteien haben schlechtere Chancen

Fünf-Prozent-Klausel

erfüllt die Wahl-Voraussetzungen

Deutsche Bevölkerung

wählt nach vorgeschriebenen Grundsätzen

15 Parteien im Deutschen Bundes-Tag

Sind Parteien in der heutigen Welt noch nötig?

⇨ Ja. Viele Bürger mit den gleichen Vorstellungen finden in demokratischen Parteien zusammen. Auf der Grundlage der jeweiligen Programme streben sie als Mitglieder und Anhänger nach Einfluss und Macht in der Gesellschaft.

Ist die Rolle der Parteien auch fest in der deutschen Demokratie verankert?

⇨ Ja, das Grund-Gesetz erwähnt in Artikel 21 (1) ausdrücklich ihre zentrale Rolle: „Die Parteien wirken bei der politischen Willens-Bildung mit"!

Welche Parteien sind zurzeit im Bundes-Tag vertreten?

⇨ Die eher konservative *CDU/CSU*

⇨ Die sozialdemokratische *SPD*

⇨ Die sozialistische *Die Linke*

⇨ Die ökologisch ausgerichteten *Bündnis 90/Die Grünen*

Gibt es keine Partei im Bundes-Tag mit liberalem Programm?

⇨ Im aktuellen 18. Bundes-Tag nicht. Die freiheitlich-demokratische FDP ist zum ersten Mal nach 1949 an der 5%-Klausel gescheitert. In den Regierungen der einzelnen Länder ist die FDP zum Teil vertreten.

Was sind die gesetzlichen Voraussetzungen zur Gründung einer deutschen Partei?

⇨ Nach § 2 (1) des Parteien-Gesetzes muss eine Partei folgende Merkmale aufweisen: Sie muss dauerhaft angelegt sein. Sie muss über eine feste Organisation verfügen. Sie muss Mitglieder besitzen und nachweislich Regierungs-Ämter anstreben.

Haben Parteien eine vorgeschriebene Aufgabenstellung?

⇨ Ja. Im Parteien-Gesetz § 2 (1) sind die Aufgaben genau beschrieben, an die sich die Parteien zu halten haben. Sie sind im Einzelnen auf Seite 33 dargestellt.

Wie finanzieren sich deutsche Parteien?

⇨ Um ihre Aufgaben erfüllen zu können, benötigen Parteien Geld. Dieses erhalten sie durch eigene Einnahme-Quellen in Form von Mitglieds-Beiträgen, staatlichen Zuschüssen und Spenden.

Können Parteien in Deutschland verboten werden?

⇨ Das ist schwierig. Das Bundes-Verfassungsgericht muss einer Partei verfassungs-feindliche Aktivitäten nachweisen können, damit es die Partei verbieten kann.

Konservative Partei	Bewahrung des „Bewährten" mit Blick auf künftige Entwicklungen	conservative party	حزب محافظ
Sozialdemokrati-sche Partei	Setzt sich in erster Linie für eine sozial gerechtere Gesellschaft ein	social democratic party	حزب اشتراكي ديمقراطي
Sozialistische Partei	Steht für eine Veränderung der kapitalistischen Wirtschaftsord-nung	socialist party	حزب اشتراكي
Ökologisch orien-tierte Partei	Steht für eine Politik der ökologi-schen und ökonomischen Nach-haltigkeit	ecologically oriented party, green party	حزب ذو توجه بيئي

15 Parteien im Deutschen Bundes-Tag

Bedeutung der Parteien für Deutschland:

Artikel 21 (1) Grund-Gesetz: „Die Parteien wirken bei der politischen Willens-Bildung des Volkes mit".

- Sie verbinden Volk und Staat
- Sie haben eine zentrale Macht-Position im demokratischen Staat
- Sie tragen große Verantwortung in der Demokratie

Parteien im Bundes-Tag

Fraktionen:	Sitze:
CDU/CSU	310
SPD	193
Die Linke	64
Bündnis 90/Die Grünen	63

Parteirichtungen im Deutschen Bundes-Tag:

- konservativ: *CDU/CSU*
- sozial-demokratisch: *SPD*
- sozialistisch: *Die Linke*
- ökologisch: *Bündnis 90/Die Grünen*

Parteienverbot:

- Parteien, die die freiheitlich-demokratische Grund-Ordnung (FdGO) beseitigen wollen, sind verfassungswidrig
- Nur das Bundes-Verfassungs-Gericht kann eine Partei verbieten

Parteien sind politische Vereinigungen, mit dem Willen, Macht und Einfluss im Staat zu gewinnen

Finanzierung:

- Staatliche Unterstützung
- Mitglieds-Beiträge
- Spenden

Parteiführung:

Der Aufbau einer Partei muss demokratischen Grundsätzen entsprechen

Aufgaben:

- Sie streben nach der Regierungs-Beteiligung
- Sie nehmen Einfluss auf das Parlament (Bundes-Tag)
- Sie stellen Personen zur Wahl auf
- Sie erstellen Wahl-Programme
- Sie kümmern sich um die Interessen der Bürger
- Sie regen zur politischen Bildung an
- Sie fördern die Bürger-Teilnahme am öffentlichen Leben
- Sie beeinflussen die öffentliche Meinung
- Sie beschaffen Geld-Mittel für ihre Arbeit

16 Verbände

Vertreter von Einzel-Interessen

Warum gibt es neben den Parteien Verbände?

⇨ Es ist schwer, seine Interessen in einer großen Gesellschaft alleine zu vertreten. Dies gelingt am besten in einer Gruppe von Gleichgesinnten. Zum Beispiel in einem Interessen-Verband wie dem ADAC oder einem Verein.

Ist ihre rechtliche Stellung ebenfalls im Grund-Gesetz festgeschrieben?

⇨ Ja. Nach Artikel 9 Grund-Gesetz haben alle Deutschen das Recht, Vereine (Verbände) zu bilden. Sie dürfen sich nicht gegen die verfassungs-gemäße Ordnung Deutschlands richten.

Wie unterscheiden sich Verbände von den Parteien?

⇨ Sie vertreten nur Teil-Interessen in Deutschland. So ist z. B. der ADAC nur für Auto-Fahrer zuständig. Sie streben zwar wie die Parteien nach Einfluss in der Gesellschaft, stellen sich aber nicht zur Wahl. Ihre Geld-Mittel erhalten sie nur über Mitglieds-Beiträge.

Welche Bedeutung haben Verbände in Deutschland?

⇨ Während nur verhältnismäßig wenige Bürger einer Partei angehören, sind sehr viele Deutsche Mitglied eines Vereins oder eines Verbands. Es gab im Jahr 2013 rund 580 000 eingetragene Vereine/Verbände in Deutschland.

In welchen Bereichen sind Verbände tätig?

⇨ Im Wirtschafts-Leben gibt es auf der Arbeitgeber-Seite die Unternehmer-Verbände und auf der Arbeitnehmer-Seite die Gewerkschaften. Verbände wie die Caritas und das Mütter-Genesungs-Werk kümmern sich um soziale Belange. In Deutschland ganz wichtig sind Verbände im sportlichen Bereich, wie der Deutsche Sport-Bund und der Deutsche Fußball-Bund.

Wo nehmen Großverbände Einfluss auf den Prozess politischer Willens-Bildung?

⇨ Mit ihrer Arbeit beeinflussen sie die Abgeordneten im Bundes-Tag, die Mitglieder der Bundes-Regierung, die Parteien und natürlich auch die öffentliche Meinung.

Mit welchen Mitteln setzen Verbände ihre Interessen durch? Hier einige Beispiele:

⇨ Vertreter von Verbänden geben Sachinformationen an Mitglieder von Fach-Ausschüssen (bei der Ausarbeitung von Gesetzen). Groß-Verbände wollen immer Verbands-Mitglieder als Abgeordnete in das Parlament bringen. Die wichtigste Adresse der Verbände ist die Regierung mit ihrer Bürokratie, denn dort ist man auf das spezielle Fachwissen von Verbands-Vertretern angewiesen. Wichtig ist auch die finanzielle Unterstützung der Parteien mit Spenden.

Wann können Groß-Verbände zu einer Gefahr für die Gesellschaft werden?

⇨ Ein Verband mit großer Mitglieder-Zahl und finanzieller Stärke kann wichtige politische Entscheidungen blockieren.
⇨ Einzelne Parteien können zu stark von Verbänden abhängig werden.
⇨ Gelegentlich kann das Durchsetzen von Verbands-Interessen auch das Gemein-Wohl gefährden.

Gewerkschaft	Vereinigung von Arbeitnehmern, die deren Interessen vertritt, z. B. Arbeit für alle, genügend Lohn, kürzere Arbeitszeiten	trade union	نقابة
Caritas	Kirchliche Organisation, die sich um die Hilfe von Menschen in Not kümmert	Charity, catholic charities service	عمل بسيط مؤسسة كاريتاس الخيرية

16 Verbände

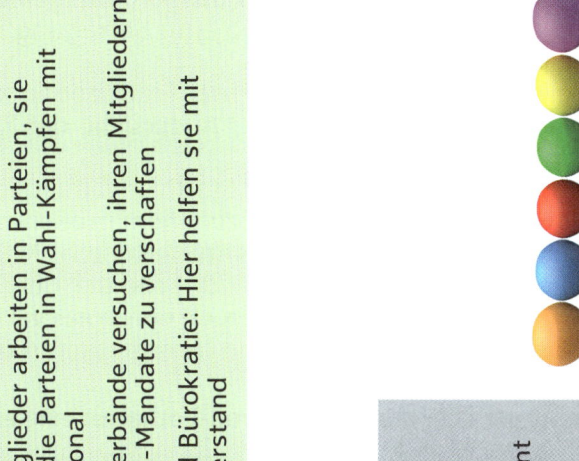

„Alle Deutschen haben das Recht, Vereine und Gesellschaften zu bilden" – Artikel 9 (1) Grund-Gesetz

In Verbänden finden sich Bürger mit gleichen Interessen, die sie gegenüber Behörden, Parlamenten und Regierungen vertreten.

Im Unterschied zu Parteien nehmen Verbände nicht an Wahlen teil und streben auch nicht nach Regierungs-Verantwortung. Sie sind also nur begrenzt am politischen Geschehen beteiligt.

In welchen Bereichen sind Verbände tätig?

- Im Wirtschafts-Leben und in der Arbeits-Welt:
  Unternehmer-Verbände, Gewerkschaften
- Vereinigungen mit sozialen Zielen:
  Deutsches Rotes Kreuz, Caritas, Mieter-Bund
- Im Bereich Freizeit und Erholung:
  Deutscher Fußball-Bund, Hobby-Vereine
- In Kultur und Wissenschaft:
  Verband der Historiker, Schriftsteller-Vereinigung PEN (Poets, Essayists, Novelists)

An wen wenden sich Verbände?

- Sie wenden sich an die Öffentlichkeit über Presse, Hörfunk und Fernsehen
- Verbands-Mitglieder arbeiten in Parteien, sie unterstützen die Parteien in Wahl-Kämpfen mit Geld und Personal
- Parlamente: Verbände versuchen, ihren Mitgliedern Abgeordneten-Mandate zu verschaffen
- Regierung und Bürokratie: Hier helfen sie mit ihrem Sach-Verstand

V E R B Ä N D E

So können Verbände ihren Einfluss durchsetzen:

- Fachliche Beratung und Information an Parteien, Abgeordnete und Regierungen
- Führende Verbands-Vertreter sind zugleich Abgeordnete im Parlament
- Anhörung bei der Gesetz-Gebung in den Ausschüssen
- Aussprechen von Wahl-Empfehlungen für eine Partei – sogenannte „Freundes-Kreise"
- Beeinflussung der Öffentlichkeit durch Zeitungs- und Fernseh-Werbung
- Kampf-Maßnahmen wie Streiks und Aussperrung
- Unterstützung der Parteien mit Spenden

17 Bürger-Initiativen und Demonstrations-Recht

Wie erkennen Regierungen und Verwaltungen die Meinungen und Interessen der Bürger?

⇨ **Bürger-Befragung**: Sie kann auch von Bürgern ausgehen, um zum Beispiel eine Bürger-Initiative vorzubereiten. So eine Befragung ist unverbindlich und zielt nur auf bestimmte Vorhaben ab.

⇨ **Haushalts-Befragung**: Mit Interviews und Fragebögen können gesicherte Daten gewonnen werden, zum Beispiel Ansprüche der Bürger an eine umstrittene Verkehrsplanung.

⇨ **Anhörung**: Eine Behörde, zum Beispiel Stadtverwaltung, gibt den Bürgern die Möglichkeit, ihren eigenen Standpunkt zu einem größeren Vorhaben darzulegen.

⇨ **Meinungs-Forschung**: Ein privates Institut erforscht Meinungen wie Einsichten, Einstellungen, Stimmungen oder Wünsche der Bevölkerung.

⇨ **Soziale Netzwerke**: Im Internet findet sich eine lose Verbindung von Menschen innerhalb der Netz-Gemeinschaft zum Austausch von Informationen über ein geplantes Groß-Vorhaben.

Wie können sich Bürger über anstehende Groß-Vorhaben eine eigene Meinung bilden?

⇨ **Medien**: Mit schriftlichen Meinungs-Äußerungen (Leser-Briefen) äußern Betroffene in der Zeitung ihre Ansichten. Sie sorgen unter Umständen für eine Richtigstellung des zu klärenden Sachverhalts. Dabei können auch das Lesen von Presseberichten in Zeitungen, das Hören von Rundfunkbeiträgen und die Beobachtung von Diskussionsrunden im Fernsehen helfen.

Wie können sich Bürger aktiv in das politische Geschehen einbringen?

⇨ **Bürger-Initiativen**: Lose Zusammenschlüsse von Bürgern mit ganz bestimmten Interessen, die sich spontan organisieren und schnell viele Anhänger finden. Gemeinsam machen sie auf einen Missstand in der Gesellschaft aufmerksam.

⇨ **Demonstrationen**: Öffentliche Versammlungen und Protestmärsche gleichgesinnter Bürger. Sie finden oft im Zusammenhang mit Bürger-Initiativen statt. Sie machen auf ihre Meinungen und Forderungen aufmerksam. Beispiele sind Demonstrationen gegen einen Krieg oder gegen die Streichung von Arbeitsplätzen.

⇨ **Einwohner-Fragestunden**: Sie sind in der Geschäftsordnung von Gemeinden und Städten festgelegt. Dort können Bürger ihre Fragen an die Mitglieder der Gemeinde und Stadtparlamente richten.

⇨ **E-Demokratie**: Das Internet, insbesondere E-Mails, bietet neue Möglichkeiten der politischen Teilhabe. Die digitale Abstimmung der Ergebnisse mit Behörden gehört zum „E-Gouvernement".

Haben die Bürger mit Wahlen, Parteien und Verbänden nicht genügend Mitsprache-Möglichkeit?

⇨ Gewählte Vertreter entscheiden in öffentlichen Angelegenheiten allein. Zum Beispiel beim Bau eines Kindergartens oder bei der Errichtung eines Verkehrskreisels. Das sieht die Demokratie in Deutschland so vor. In unserer Gesellschaft gibt es aber eine zunehmende Unzufriedenheit mit dieser Vorgehensweise. Vor allem die jüngere Generation fordert mehr Bürgerbeteiligung.
Hier einige Beweggründe:

⇨ Die Parlamente vertreten nicht alle Interessen, Berufe und Lebens-Stile. Berufs-Politiker erwecken oft den Eindruck, in einer lebensfernen Welt zu leben. Die Öffentlichkeit versteht viele Entscheidungen der Politiker nicht. Sie fühlt sich von den Politikern übergangen.

E-Government	Mit Hilfe der elektronischen Verwaltung werden Abläufe in der Verwaltung zwischen Behörden und Bürgern vereinfacht.	e-government	حكومة إليكترونية
identifizieren	sich gefühlsmäßig mit einer Gruppe oder einer Person gleich setzen und ihre Motive übernehmen	identify	تعريف
Miss-Stand	schlimmer Zustand, unerträgliche Situation, Übel oder Ungerechtigkeit	grievance/ deficit	وضع سيء

17 Bürger-Initiativen und Demonstrations-Recht

Im Normal-Fall können Bürger bei wieder-kehrenden Wahlen Einfluss auf die Politik nehmen. Doch auch zwischen den Wahl-Terminen gibt es für sie zahlreiche Möglichkeiten, um sich politisch zu engagieren und das gesellschaftliche Leben aktiv mitzugestalten. Heute können die Bürger in Deutschland über verschiedene Formen der Beteiligung (Partizipation) an politischen Einzel-Entscheidungen mitwirken.

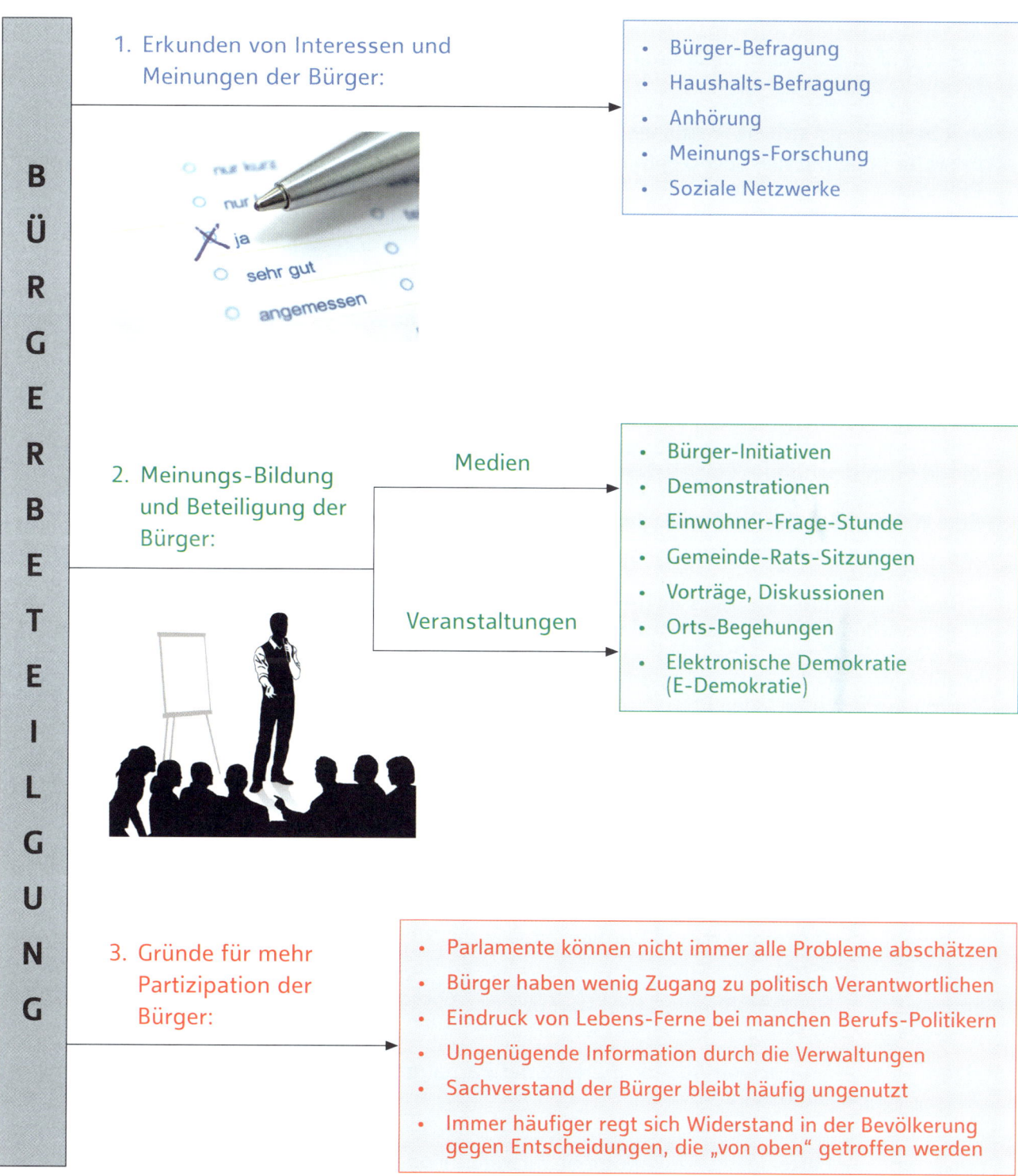

BÜRGERBETEILIGUNG

1. Erkunden von Interessen und Meinungen der Bürger:

- Bürger-Befragung
- Haushalts-Befragung
- Anhörung
- Meinungs-Forschung
- Soziale Netzwerke

2. Meinungs-Bildung und Beteiligung der Bürger:

Medien

Veranstaltungen

- Bürger-Initiativen
- Demonstrationen
- Einwohner-Frage-Stunde
- Gemeinde-Rats-Sitzungen
- Vorträge, Diskussionen
- Orts-Begehungen
- Elektronische Demokratie (E-Demokratie)

3. Gründe für mehr Partizipation der Bürger:

- Parlamente können nicht immer alle Probleme abschätzen
- Bürger haben wenig Zugang zu politisch Verantwortlichen
- Eindruck von Lebens-Ferne bei manchen Berufs-Politikern
- Ungenügende Information durch die Verwaltungen
- Sachverstand der Bürger bleibt häufig ungenutzt
- Immer häufiger regt sich Widerstand in der Bevölkerung gegen Entscheidungen, die „von oben" getroffen werden

18 Bundes-Tag

Wer sitzt im Sitzungs-Saal des 18. Deutschen Bundes-Tags?

⇨ In der Mitte auf leicht erhöhtem Platz sitzt der Bundes-TagsPräsident, rechts von ihm sitzt die deutsche Bundes-Kanzlerin mit den Regierungs-Mitgliedern. Auf der linken Seite sitzen die Vertreter des Bundes-Rats. Davor haben die Abgeordneten ihren Platz.

Welche Bedeutung hat dieses Parlament für die Bundes-Republik Deutschland?

⇨ Der Bundes-Tag ist der zentrale Ort für Diskussionen und Entscheidungen. Die gewählten Abgeordneten vertreten für vier Jahre die Interessen des deutschen Volkes. Die Sitzungen im Plenum sind öffentlich. So können sich die Bürger über Rundfunk und Fernsehen ihre eigene Meinung bilden.

Womit beschäftigen sich die Fraktionen im Plenum hauptsächlich?

⇨ In erster Linie mit der Gesetzgebung. Dann mit der Wahl von Bundes-Kanzler und Bundes-Präsident. Mit dem sogenannten „Königsrecht" entscheiden sie, wie viel Geld der Staat in Deutschland ausgibt. Natürlich kontrollieren die Abgeordneten laufend die Arbeit der Bundes-Kanzlerin und ihrer Minister.

Wie kommen die Gesetze zustande?

⇨ Deutschland hat eine lebendige Demokratie. Ständig müssen Gesetze neu gemacht werden. Die Vorschläge für ein neues Gesetz können von den Abgeordneten selbst, vom Bundes-Rat und der Bundes-Regierung kommen. Sie werden im Bundes-Tag in erster und zweiter Lesung beraten. Dann werden sie an den zuständigen Ausschüsse weitergegeben. Dort beraten sich die Politiker mit Fachleuten, die nicht im Parlament sind. Erst in einer dritten Lesung kann das Gesetz mit der Mehrheit der abgegeben Stimmen beschlossen werden. Jetzt muss allerdings noch der Bundes-Rat zustimmen. Dann kann das Gesetz in Kraft treten.

Welche Wahlen führt der Bundes-Tag durch?

⇨ Die Wähler können den Bundes-Kanzler nicht direkt wählen. Der Bundes-Kanzler wird stellvertretend durch die Abgeordneten gewählt. Wenn die Mehrheit der Abgeordneten mit der Arbeit des Bundes-Kanzlers unzufrieden ist, kann der Bundes-Kanzler abgewählt werden. Dies geschieht mit dem „konstruktiven Misstrauens-Votum". Das passiert jedoch nur selten. Zur Wahl des Bundes-Präsidenten (alle fünf Jahre) stellt der Bundes-Tag die Hälfte der Wahlmänner in der Bundesversammlung. Der Bundes-Tag ist auch an der Wahl der Bundes-Verfassungsrichter beteiligt.

Worauf achten die Abgeordneten der Opposition besonders?

⇨ Sie kontrollieren die Arbeit der Amtsträger in der Regierung, insbesondere die Ausgaben der Ministerien, üben Kritik an deren Politik und machen eventuell Verbesserungsvorschläge.

Kontrolle	Hier ist die Überwachung von Politikern und Einrichtungen gemeint	control	مراقبة
Bundes-Rat	Vertretung der 16 Bundes-Länder mit Sitz in Berlin	Federal Assembly	مجلس الولايات
Plenum	Die Versammlung von Abgeordneten in einem Saal	plenum	الجمعية العامة
Fraktion	Gruppe von Abgeordneten einer Partei im Bundes-Tag	fraction, parliamentary group	كتلة برلمانية
Opposition	Parteien, die im Parlament vertreten sind, aber nicht zu den Regierungs-Parteien gehören	opposition	معارضة

18 Bundes-Tag

Das Volk

wählt

Wer sitzt wo im Plenum des Bundes-Tags?

1. Präsident
2. Regierung
3. Bundes-Rat

Fraktionen	Sitze
4. CDU/CSU	310
5. Bündnis 90/Die Grünen	63
6. SPD	193
7. Die Linke	64

Der Deutsche Bundes-Tag hat vier Aufgabenbereiche

Gesetzgebung

- Er schlägt Gesetze vor
- Diskussion von Geset-zes-Vorlagen im Plenum und in den Ausschüssen
- Verabschiedung mit der Mehrheit der abgegebe-nen Stimmen
- Bei Verfassungs-Änderungen ist eine 2/3-Mehrheit erforderlich

Wahlen

- Wahl des Bundes-Kanzlers
- Abwahl des Bundes-Kanzlers mit konstrukti-vem Misstrauens-Votum
- Mitwirkung bei der Wahl des Bundes-Präsidenten
- Mitwahl der 16 Bundes-Verfassungs-Richter
- Wahl des Wehr-Beauftragten

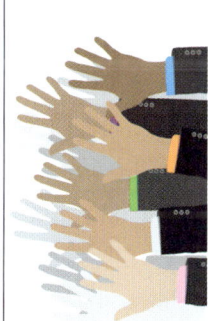

Haushaltsrecht

- Er entscheidet, wofür in Deutschland Geld ausgegeben wird
- Der Finanz-Minister legt den Haushalts-Plan vor, dem der Bundes-Tag mehrheitlich zustimmen muss
- Wenn der Bundes-Rat zustimmt, wird der Haushalts-Plan Gesetz

Kontrolle

- Überwachung der Ausgaben nach Haus-haltsplan
- Bundes-Tag kann Minister vorladen
- Verfassungsklage zur Überprüfung von Gesetzen
- Einberufung von Untersuchungs-Ausschüssen

19 Kontrolle der Regierung

Kontrolliert nur die Opposition die Regierung?

⇨ Nein. Alle Parteien im Bundes-Tag kontrollieren die Arbeit und
die Leistung der Regierung. Die Opposition ist dabei besonders
kritisch.

Sind immer die gleichen Parteien in der Opposition?

⇨ Nein. Nach jeder Wahl können andere Parteien in die Opposition
und in die Regierung kommen.

Welche Aufgaben sind den Parteien wichtig?

⇨ Die Oppositions-Parteien sind in der Minderheit. Die wichtigste
Aufgabe ist Kontrolle und Kritik der Regierung.

⇨ Der Mehrheit im Bundes-Tag geht es in erster Linie um die Wahl des Bundes-Kanzlers und die
Unterstützung der Regierung im Parlament. Die Kontrolle steht dabei nicht im Vordergrund.

Über welche Möglichkeiten der Kontrolle verfügt der Bundes-Tag allgemein?

⇨ **Debatten**: In Parlaments-Sitzungen kommen die wichtigsten Probleme des Landes zur
Sprache. Auch der Öffentlichkeit werden Argumente und Alternativen vorgestellt.

⇨ **Anfragen**: In kleinen Anfragen verlangen Oppositions-Parteien von der Regierung schriftliche
Auskünfte zu bestimmten Problemen. Große Anfragen an die Regierung schließen sich an
größere Debatten an.

⇨ **Ausschüsse**: In jeder Wahl-Periode werden vom Bundes-Tag zahlreiche „ständige Ausschüsse" eingesetzt. So steht fast jedem Ministerium ein Ausschuss gegenüber, in den alle
Parteien Abgeordnete entsenden. Hier wird über die Partei-Grenzen hinweg nach Lösungen
gesucht.

⇨ **Gesetz-Entwürfe**: Entwürfe für neue Gesetze oder Änderungen an bestehenden Gesetzen
können über die Bundes-Regierung, den Bundes-Rat oder aus dem Bundes-Tags ins Parlament gelangen.

⇨ **Misstrauens-Votum**: Die Opposition kann einen Kanzler stürzen, indem sie mit den Stimmen
der Regierungs-Parteien einen neuen Kanzler wählt. Dies geschieht sehr selten.

⇨ **Enquete-Kommission**: Hier arbeiten außerparlamentarische Fachleute mit Bundes-Tags-
Abgeordneten an der Gesetz-Gebung.

⇨ **Untersuchungs-Ausschuss**: Er wird zur Untersuchung bestimmter Vorfälle einberufen. Den
Antrag stellen die Abgeordneten. Ziel ist es, Missstände im staatlichen Bereich aufzuklären.

Amts-Träger	Hier: Führende Personen in Ministerien und Verwaltung	office holder	موظف ذو منصب رفيع
Alternative	Die Möglichkeit, auch eine andere Lösung zu finden	alternative	بديل
Misstrauen	Jemand vermutet bei anderen schlechte Absichten	distrust, suspicion	سوء الظن
Enquete	Parlamentarische Untersuchung in einem gesetz-gebenden Verfahren	inquiry, investigation	فحص

19 Kontrolle der Regierung

Als direkt gewählte Vertretung des Volkes ist es Aufgabe *aller* Abgeordneten des Bundes-Tags, die Arbeit der Regierung zu kontrollieren. Dabei nutzt in erster Linie die Opposition die folgenden Instrumente zur Kontrolle im Parlament:

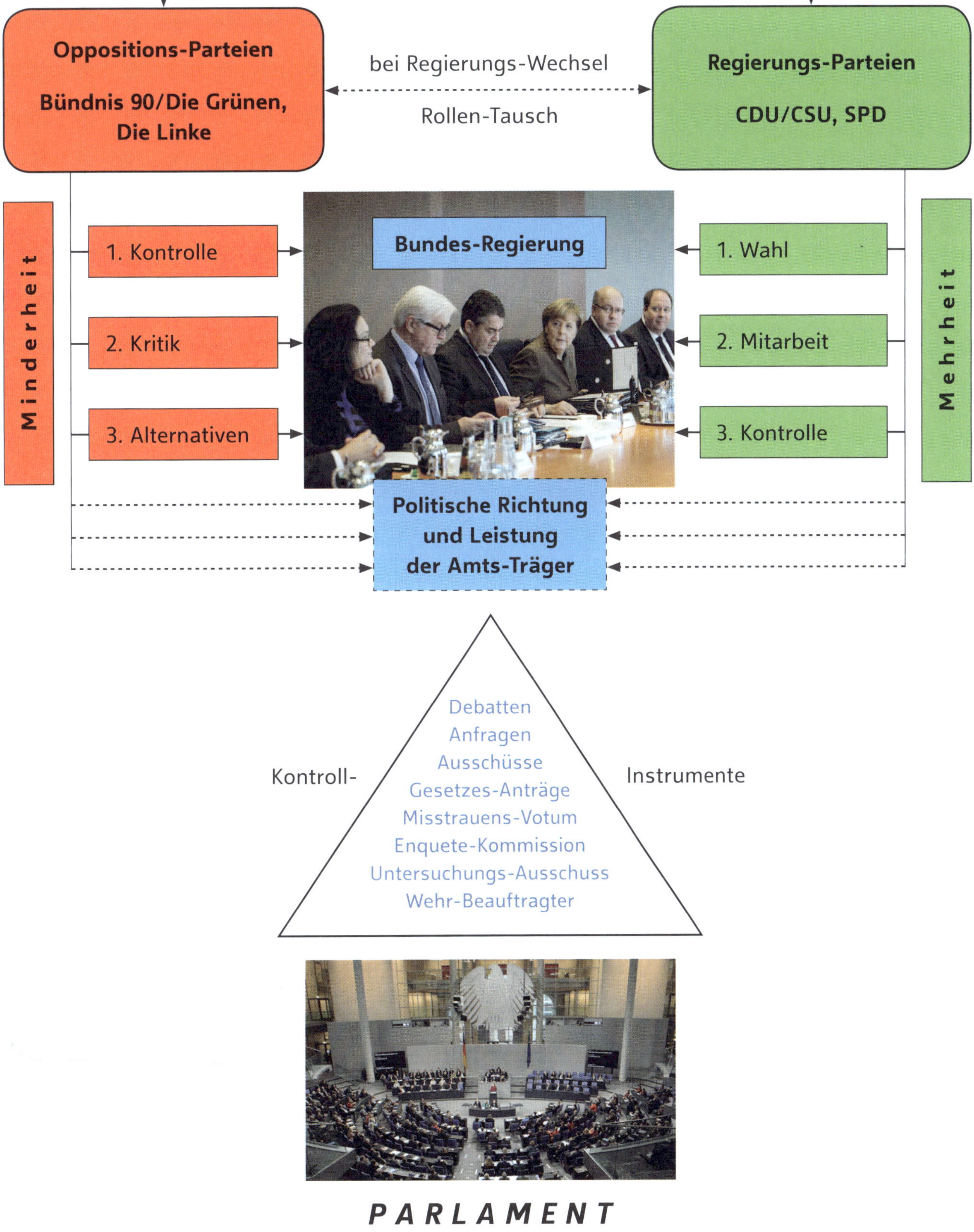

Oppositions-Parteien

Bündnis 90/Die Grünen, Die Linke

bei Regierungs-Wechsel

Rollen-Tausch

Regierungs-Parteien

CDU/CSU, SPD

Minderheit

1. Kontrolle

2. Kritik

3. Alternativen

Bundes-Regierung

1. Wahl

2. Mitarbeit

3. Kontrolle

Mehrheit

Politische Richtung und Leistung der Amts-Träger

Kontroll-

Debatten
Anfragen
Ausschüsse
Gesetzes-Anträge
Misstrauens-Votum
Enquete-Kommission
Untersuchungs-Ausschuss
Wehr-Beauftragter

Instrumente

PARLAMENT

20 Bundes-Regierung

Wo arbeitet die Regierung?

⇨ Die Regierung tagt im Bundes-Kanzler-Amt. Es wurde 2001 neu gebaut. Es liegt gegenüber vom Reichstag in Berlin.

⇨ Im sechsten Ober-Geschoss des Bundes-Kanzler-Amts befinden sich der kleine und der große Kabinett-Saal. Dort trifft sich jeden Mittwoch das Kabinett zur Beratung. Die Bundes-Kanzlerin selbst hat ihr Büro im Stock darüber, mit Blick auf den Reichstag.

Welche besondere Rolle spielt das Bundes-Kanzler-Amt für die deutsche Politik?

⇨ Das Bundes-Kanzler-Amt ist die oberste Bundes-Behörde. Von hier aus wird ganz Deutschland regiert und mit Politikern aus aller Welt verhandelt. Zudem werden dort die Gesetze vorbereitet.

Nach welchen Grundsätzen findet die politische Arbeit im Kabinett statt?

⇨ Grundsätzlich besitzt die Bundes-Kanzlerin die „Richtlinien-Kompetenz". Das heißt, sie bestimmt die Politik und trägt dafür auch die Verantwortung.
Die Minister leiten innerhalb dieser „Richtlinien" ihren Aufgaben-Bereich in eigener Verantwortung. Über Angelegenheiten von allgemeiner Bedeutung entscheiden die Kanzlerin und ihre Minister gemeinsam.

Welches sind die wichtigsten Aufgaben der Bundes-Kanzlerin?

⇨ Sie sucht sich ihre Minister aus, die sie dann dem Bundes-Präsidenten vorschlägt. Innerhalb der Kabinett-Sitzungen bestimmt die Bundes-Kanzlerin die Regierungs-Politik. Im Verteidigungs-Fall hat sie außerdem das Kommando über die Armee, die Bundeswehr.

Welche Aufgaben lösen die Bundes-Kanzlerin und die Minister im Kabinett gemeinsam?

⇨ Die Bundes-Regierung hat die Möglichkeit, im Bundes-Tag Gesetze einzubringen. Nach Zustimmung durch die Abgeordneten werden sie von den einzelnen Ministerien ausgeführt.

⇨ Die Bundes-Kanzlerin erstellt unter der Führung des Finanz-Ministers den Entwurf für den Haushalts-Plan.

Wo sind der Handlungs-Fähigkeit der Bundes-Kanzlerin in der Regierung Grenzen gesetzt?

⇨ Die Kanzlerin muss die Ansprüche des Koalitions-Partners berücksichtigen und auch die der eigenen Partei. Neue Gesetze müssen vom Parlament und vom Bundes-Rat genehmigt werden. Die Regierung muss die Vorgaben der Europäischen Union beachten.

Bundes-Kanzler	Regierungs-Chef der Bundes-Republik Deutschland	chancelor	المستشار الألماني
Minister	Regierungs-Mitglied mit einem bestimmten Geschäfts-Bereich	minister	وزير
Kabinett	Die Gesamtheit der Minister eines Staates	Cabinet	مجلس الوزراء
Reichstag	Im alten Reichstags-Gebäude in Berlin befindet sich heute der Bundes-Tag	*Reichstag* (German parliament building)	مبنى مجلس النواب الألماني
Europäische Union	Zusammenschluss aus derzeit 28 europäischen Staaten, die gemeinsame politische Ziele verfolgen	European Union	الإتحاد الأوربي

20 Bundes-Regierung

Hier lenkt und leitet die Regierung Deutschland
- Sie erarbeitet neue Gesetze
- Sie verhandelt mit anderen Staaten

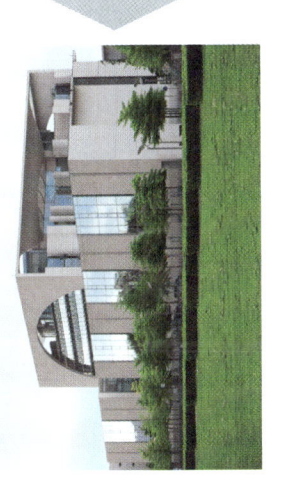

Das Bundes-Kanzler-Amt in Berlin ist die oberste Bundes-Behörde in Deutschland

Aufgaben der gesamten Bundes-Regierung

- Recht, Gesetzes-Initiativen zu ergreifen
- Ausführen von Bundes-Gesetzen
- Erlass von Verwaltungs-Vorschriften
- Organisation von Bundes-Behörden
- Anrufen des Vermittlungs-Ausschusses
- Vertretung der Bundes-Republik in der Europäischen Union
- Entwurf des Haushalts-Plans

Bundes-Regierung

Arbeitet nach drei Grundsätzen:

1. Kanzler-Prinzip

Kanzlerin bestimmt die Richtlinien der Politik und trägt dafür die Verantwortung (Richtlinien-Kompetenz)

2. Ressort-Prinzip

Jeder Minister leitet innerhalb dieser Richtlinien seinen Aufgaben-Bereich in eigener Verantwortung

3. Kollegial-Prinzip

Kanzlerin und Minister entscheiden gemeinsam über Angelegenheiten von allgemeiner Bedeutung

Aufgaben der Bundes-Kanzlerin Angela Merkel

- Hervorgehobene Stellung in der Regierung
- Alleiniges Recht zur Bildung des Kabinetts
- Bestimmt die Regierungs-Politik
- Schlägt dem Bundes-Präsidenten die Minister vor
- Ernennt einen Minister zum Vize-Kanzler
- Leitet die Geschäfte der Bundes-Regierung
- Hat im Verteidigungs-Fall die Kommando-Gewalt über die Bundeswehr

21 Bundes-Präsident

Wie heißt der deutsche Bundes-Präsident und wo hat er seine Arbeits-Stelle?

⇨ Joachim Gauck ist der elfte Bundes-Präsident. Die aktuelle Amtszeit geht bis 2017. Seine Dienst-Villa ist das Schloss Bellevue in Berlin. Gelegentlich nutzt er auch den Zweit-Amtssitz Villa Hammerschmidt in Bonn.

Welche Stellung hat der Bundes-Präsident in Deutschland?

⇨ Er ist Inhaber des höchsten deutschen Staats-Amtes, noch vor dem Bundes-Tags-Präsidenten und dem Bundes-Kanzler. Er mischt sich offiziell nicht in die aktuelle Tages-Politik Deutschlands ein und verhält sich partei-politisch neutral. Um doch eine gewisse politische Wirkung auf die Menschen zu erzielen, kann er in Reden gesellschaftliche Diskussionen anstoßen oder Anregungen aufgreifen.

Wer kann deutscher Bundes-Präsident werden?

⇨ Jede Frau und jeder Mann mit der deutschen Staats-Bürgerschaft, der mindestens 40 Jahre alt ist.

Wie gelangt jemand in das Amt des Bundes-Präsidenten?

⇨ Alle 5 Jahre kommt die Bundes-Versammlung im Reichstags-Gebäude zusammen, um den Bundes-Präsidenten zu wählen. Diese besteht aus allen Mitgliedern des Bundes-Tags und einer gleichen Anzahl von Gesandten der Länder-Parlamente. In der Mehrzahl sind das Landtags-Abgeordnete, zum Teil auch Kommunal-Politiker und bekannte Persönlichkeiten des öffentlichen Lebens.

Wie lange dauert die Amtszeit des Bundes-Präsidenten?

⇨ Er wird für fünf Jahre gewählt. Einmal kann er wieder-gewählt werden. Somit beträgt seine Amtszeit höchstens zehn Jahre.

Was sind die Aufgaben eines Bundes-Präsidenten?

- Er schlägt dem Bundes-Tag Kandidaten für das Amt des Bundes-Kanzlers vor.
- Er ernennt und entlässt Bundes-Kanzler, Minister, Bundes-Richter, Offiziere und Bundes-Beamte
- Er unterzeichnet alle vom Bundes-Tag beschlossenen Gesetze. Er könnte die Unterschrift verweigern, wenn er im Gesetz einen Verstoß gegen die Verfassung sieht.
- Er kann in besonderen Fällen den Bundes-Tag auflösen, zum Beispiel nach einer gescheiterten Vertrauens-Frage.
- Er repräsentiert Deutschland nach innen und nach außen, zum Beispiel bei Staats-Besuchen.
- Er ist die völker-rechtliche Vertretung der Bundes-Republik. Das bedeutet, er unterschreibt nicht als „Herr Gauck", sondern als „Bundes-Republik Deutschland". Der Bundes-Präsident schließt somit Verträge mit anderen Staaten im Namen der Bundes-Republik Deutschland.
- In Ansprachen zu wichtigen Themen versucht er, der Öffentlichkeit seine Überzeugung darzulegen.
- Außerdem zeichnet er verdiente Bürger aus und kann Straftäter begnadigen.

„protokollarisch"	Hier: Rangfolge hoher Staats-Ämter nach ihrer Bedeutung	protocolic	حسب البروتوكول
Bundes-Tags-Präsident	Steht dem Bundes-Tag vor und wahrt dessen Rechte	President of the German Federal Parliament	رئيس البرلمان الألماني
Vertrauens-Frage	Bundes-Kanzler überprüft so die Zustimmung im Bundes-Tag	asking for a vote of confidence	مسألة الثقة
Begnadigung	Aufhebung einer rechtmäßig verhäng-ten Strafe	pardon, amnesty	عفو

21 Bundes-Präsident

Bundes-Präsident
Joachim Gauck

Amtssitz des
Bundes-Präsidenten

1. Stellung des Bundes-Präsidenten:

Das höchste Staats-Amt in Deutschland hat der Bundes-Präsident. Sein Amtssitz ist das Schloss Bellevue in Berlin.

Er ist von der Tages-Politik unabhängig und soll sich partei-politisch neutral verhalten. Daher nimmt er vor allem repräsentative Aufgaben wahr. Um politische Wirkung im In- und Ausland zu erzielen, kann er in Reden gesellschaftliche Diskussionen anstoßen oder aufgreifen.

2. Die Wahl zum Bundes-Präsidenten:

Bundes-Versammlung im Reichstags-Gebäude

Bundes-Tag

Alle Bundes-Tags-
Abgeordneten

Länder-Parlamente

Gleiche Anzahl
von Landtags-
Abgeordneten und
Persönlichkeiten
des öffentlichen
Lebens

3. Aufgaben des Bundes-Präsidenten:

Alter mindestens 40 Jahre
Wahl auf fünf Jahre,
1 Wiederwahl ist möglich

Mitwirkung bei der
Regierungs-Bildung

Prüft und unterschreibt
Gesetze

Kann den Deutschen
Bundes-Tag auflösen

Repräsentation nach
innen und außen

Bundes-Präsident

Völker-rechtliche
Vertretung Deutschlands

Reden und
Ansprachen

Begnadigung von Straf-
tätern

Verleiht Bürgern Aus-
zeichnungen für beson-
dere Verdienste

22 Zuwanderung

Ist die aktuelle Zuwanderung für Deutschland ein neues Problem?

⇨ Nein. Nach Kriegs-Ende im Jahr 1945 musste der westliche Teil Deutschlands durch Vertreibung und Flucht rund 12 Millionen Menschen aufnehmen. Bis zum Bau der Mauer kamen weitere drei Millionen aus der ehemaligen Deutschen Demokratischen Republik (DDR). Der wirtschaftliche Aufschwung ab Mitte der 1950iger Jahre verursachte einen Mangel an Arbeits-Kräften, den Hunderttausende „Gast-Arbeiter" aus Italien, Spanien, Portugal und der Türkei mit fleißiger Arbeit abmilderten. Diese Personen blieben dann zum großen Teil mit ihren Familien in Deutschland Ab den 1980iger Jahren übersiedelten Millionen deutsche Spät-Aussiedler aus Russland, Polen und Rumänien nach Deutschland. Zusätzlich kamen in den 1990iger Jahren sehr viele Asyl-Bewerber und Bürger-Kriegs-Flüchtlinge aus dem ehemaligen Jugoslawien nach Deutschland.

Was waren ursprünglich die Motive für die Zuwanderung nach Deutschland?

⇨ Bis in die 1960iger Jahre wurden Zuwanderer als sogenannte „Gast-Arbeiter" in der Wirtschaft dringend benötigt. Mit dem Ende der Jahre wirtschaftlichen Wachstums in Deutschland war dann der Mangel an Arbeits-Kräften nicht mehr so groß. Trotzdem waren die Motive der Zuwanderer in erster Linie die Hoffnung auf Arbeit und materiellen Wohlstand, was ihnen ihr Heimat-Land kaum bieten konnte.

Wodurch unterscheidet sich die Zuwanderung in den Jahren 2015 und 2016?

⇨ In diesem Zeitraum kommen in erster Linie Schutz suchende Menschen nach Deutschland (*siehe untere Grafik auf Seite 47*). Sie nehmen ungeheure Strapazen für Leib und Seele auf sich, um in den stabilen politischen Verhältnissen europäischer Staaten in Frieden leben zu können.

Aus welchen Gründen kommen die meisten Zuwanderer heute?

⇨ Sie flüchten vor Bürger-Kriegen in ihrem Heimat-Land, politischer, religiöser und ethnischer Verfolgung und staatlicher Willkür. Dazu kommen als Folge des Klima-Wandels noch Armut und Hunger. Natürlich hoffen auch diese Menschen auf Arbeit, einen gewissen materiellen Wohlstand, Bildungs-Chancen für ihre Kinder und ausreichende medizinische Versorgung.

Warum hilft besonders Deutschland den Schutz-Suchenden?

⇨ Es sollte für alle Menschen ein Gebot der Menschlichkeit sein, Mitleid und Mitgefühl zu zeigen und zu helfen. Deutschland hat dazu im Moment noch die finanziellen Mittel für Unterkünfte, Ernährung, Sprach-Förderung und Bildungs-Maßnahmen.

Was erschwert die Aufnahme der Flüchtlinge in Deutschland und Europa?

⇨ Problematisch sind geringe oder nicht vorhandene Sprach-Kenntnisse, eine schlechte Ausbildung und eine andere Sichtweise von Religion und Demokratie. Aber auch die feindliche Haltung mancher Deutschen gegenüber Ausländern sorgt für Probleme.

Bringt die Zuwanderung Vorteile für die deutsche Gesellschaft?

⇨ Ja. Zum Beispiel lindern Zuwanderer den Mangel an Fachkräften und den allgemeinen Mangel an Arbeits-Kräften in Deutschland. Sie mindern die Überalterung der deutschen Gesellschaft. Wichtig und schön ist die kulturelle Bereicherung: Deutsche lernen andere Sitten und Gebräuche, neue Ess-Kulturen, besondere handwerkliche und künstlerische Talente kennen.

Deutsche Demokratische Republik (DDR)	Sie war von 1949 bis 1990 ein Staat in Mittel-Europa, der aus der Teilung Deutschlands nach 1945 entstanden ist	German Democratic Republic	جمهورية ألمانيا الديمقراطية
Spät-Aussiedler	in der ehemaligen Sowjet-Union und osteuropäischen Staaten lebende deutsche Bürger, die nach Deutschland zurück ziehen	late repatriate	العائدون

22 Zuwanderung

Zuwanderer, die in Deutschland leben:

- ursprünglich „Gastarbeiter" genannt, aus Italien, Spanien, Türkei, Portugal in den 1950iger bis 1970iger Jahren
- Aus- und Übersiedler
- *Zuwanderer siehe Grafik*

Hilfen und Maßnahmen:

- Für Unterkünfte und Ernährung sorgen
- Sprach-Förderung
- Bildungs-Maßnahmen
- Medizinische Versorgung
- Erleichterte Einbürgerung
- Verständnis fördern
- Steuerung der Zuwanderung

Mögliche Probleme in Deutschland:

- Fehlende kenntnisse der Sprache
- Schlechte Ausbildung
- Geringes demokratisches Bewusstsein
- Mangelnde Integrations-Bereitschaft auf beiden Seiten
- Andere Religionen, fehlende Toleranz auf beiden Seiten

Zuwanderung im Rückblick:

- Deutsche Kriegs-Flüchtlinge und Vertriebene nach 1945
- DDR-Flüchtlinge
- Heimat-Vertriebene aus Ost-Europa (Spät-Aussiedler)
- Bürger-Kriegs-Flüchtlinge aus dem ehemaligen Jugoslawien

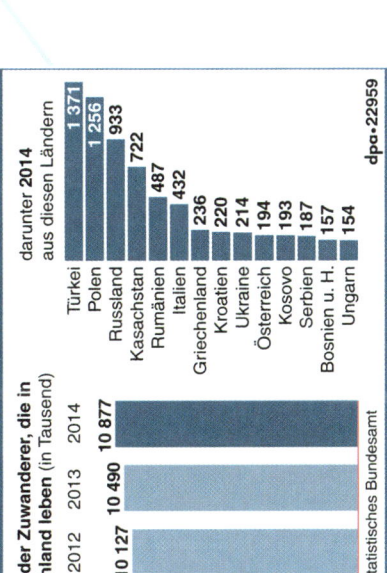

Mehr Zuwanderer

Anzahl der Zuwanderer, die in Deutschland leben (in Tausend)

2011	2012	2013	2014
9 833	10 127	10 490	10 877

darunter 2014 aus diesen Ländern

Türkei	1 371
Polen	1 256
Russland	933
Kasachstan	722
Rumänien	487
Italien	432
Griechenland	236
Kroatien	220
Ukraine	214
Österreich	194
Kosovo	193
Serbien	187
Bosnien u. H.	157
Ungarn	154

Quelle: Statistisches Bundesamt

dpa·22959

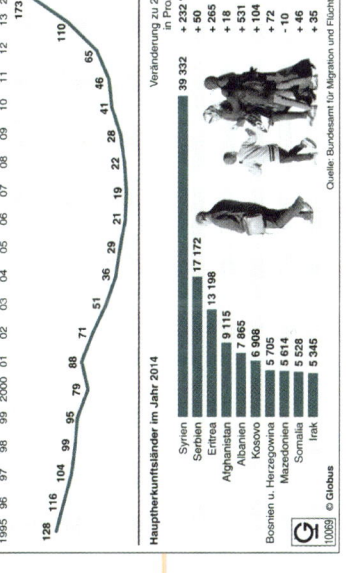

Schutzsuchende in Deutschland

Zahl der Asyl-Erstanträge in Tausend

1995	96	97	98	99	2000	01	02	03	04	05	06	07	08	09	10	11	12	13	2014
128	116	104	99	95	79	88	71	51	36	29	21	19	22	28	41	46	65	110	173 Tsd.

Hauptherkunftsländer im Jahr 2014

		Veränderung zu 2013 in Prozent
Syrien	39 332	+ 232 %
Serbien	17 172	+ 50
Eritrea	13 198	+ 265
Afghanistan	9 115	+ 18
Albanien	7 865	+ 531
Kosovo	6 908	+ 104
Bosnien u. Herzegowina	5 705	+ 72
Mazedonien	5 614	– 10
Somalia	5 528	+ 46
Irak	5 345	+ 35

Quelle: Bundesamt für Migration und Flüchtlinge

© Globus 10069

Motive der Zuwanderer:

- Hoffnung auf Arbeit
- Materieller Wohlstand
- Bildungs-Chancen für Kinder
- Medizinische Versorgung
- Stabile politische Verhältnisse (Frieden)
- Keine staatliche Willkür

Vorteile der Zuwanderung:

- Absicherung des deutschen Renten-Systems
- Mehr Arbeits-Kräfte
- Kulturelle Bereicherung
- Hohe Staats-Ausgaben zur Flüchtlings-Hilfe sind ein zusätzlicher Nachfrage-Impuls

Warum fliehen Menschen?

- Kriege
- Politische, religiöse und ethnische Unterdrückung
- Staatliche Willkür
- Folge des Klima-Wandels
- Armut
- Hunger

23 Arbeits-Markt

Auf welche besondere Arbeits-Welt müssen sich Zuwanderer vorbereiten?

⇨ Nicht nur Zuwanderer, sondern auch bereits in Deutschland arbeitende Menschen müssen erleben, wie sich die Arbeits-Welt in einem hohen Tempo ändert. Grund sind vor allem der Einsatz neuer Technologien und die Globalisierung. Dieser Wandel kann für Erwerbstätige in Deutschland erhebliche Unsicherheiten mit sich bringen. Diese können sie nur durch persönliche Mobilität und lebens-lange Weiter-Bildung bewältigen.

Welche Rolle spielt die Informations-Technik (IT) für den Arbeits-Markt?

⇨ Früher war die Land-Wirtschaft sehr wichtig. Heute ist ihr Anteil an der deutschen Wirtschaft sehr gering. Die Bereiche Dienst-Leistung und Industrie sind wichtiger. Die Informations-Technik entwickelt sich sehr schnell. Sie spielt heute in allen Bereichen eine wichtige Rolle. Um einen Arbeits-Platz zu finden, sind IT-Kenntnisse deshalb von Vorteil.

Was bedeutet die Forderung nach „lebens-langem Lernen" für das alltägliche Berufs-Leben?

⇨ Dahinter steht die Bereitschaft, sich ständig ändernden Anforderungen am Arbeits-Platz zu stellen. Das Selbst-Studium wie zum Beispiel Lesen von Fach-Literatur, der Besuch von außer- und inner-betrieblichen Lehr-Veranstaltungen und die Teilnahme an Umschulungs-Maßnahmen werden immer wichtiger. Denn kaum hat jemand den „richtigen" Beruf gefunden, bekommt er die Veränderungen in seiner Berufs-Welt zu spüren.

Wie können neue Arbeits-Weisen in Produktion und Verwaltung ganze Berufe verändern?

⇨ Neue Berufe, vor allem im Bereich digitales Arbeiten, lösen alte Berufs-Bilder ab. Alte Berufe wie Tankwart oder Kassierer in der Bank verschwinden ganz. Andere Berufe verlangen neue Fähigkeiten. So benötigen Industrie-Kaufleute und Werkzeug-Mechaniker unbedingt Kenntnisse in der elektronischen Daten-Verarbeitung. Besonders wichtig in der heutigen Berufs-Welt sind Mobilität und Flexibilität. Dies betrifft vor allem die Bereitschaft zum Orts-Wechsel und zu neuen Arbeits-Zeiten.

Über welche Eigenschaften müssen Berufstätige heute verfügen?

- Persönliche Kompetenz, dazu gehören Eigenschaften wie Fleiß und Zuverlässigkeit verbunden mit großem Leistungs-Willen und immer höherer Belastbarkeit. Ehrlichkeit wird vorausge-setzt.

- Die Beherrschung der deutschen Sprache ist unerlässlich für die fachliche Kompetenz, ebenso Grund-Kenntnisse in Mathematik und Natur-Wissenschaften. Gut wäre in jedem Fall die Beherrschung einer weiteren Fremd-Sprache wie Englisch.

- Wichtig ist auch die Bereitschaft, sich in die Belegschaft einzubringen. Dazu gehört heute in erster Linie die Bereitschaft zur Team-Arbeit mit Kollegen. Hier sind Konflikt-Fähigkeit und Freundlichkeit von Nutzen.

Zuwanderung	Zuzug von ausländischen Personen nach Deutschland (Einwanderer)	immigration	هجرة
Globalisierung	Weltweite Verflechtung selbstständiger Volkswirtschaften	globalisation	عولمة
Informations-Technologie (IT)	Oberbegriff für alle mit Daten-Verarbeitung gesteuerten Techniken	information technology [abbr.: IT]	تكنولوجيا المعلومات
Kompetenz	Fähigkeit, Aufgaben und Probleme selbstständig zu lösen	expertise, skills	كفاءة

23 Arbeits-Markt

1. Die Zukunft der Arbeit:

Die Arbeits-Welt unterliegt auch im Jahr 2016 einem starken Wandel. Größter Gewinner ist der Bereich Informations-Technik (IT). Die Arbeits-Welt verändert sich in rasendem Tempo, vor allem durch den Einsatz neuer Technologien und die Globalisierung. Dies bringt neue Arbeits-Formen, aber auch viele Unsicherheiten mit sich. Erwerbstätige müssen ein Leben lang lernen, da sich Qualifikationen und Erfahrungen schnell verändern.

2. Weniger Land-Wirtschaft und mehr Informations-Technologie:

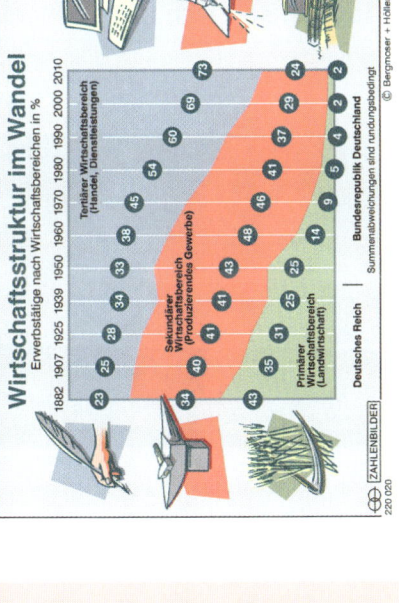

3. Der Einsatz von Informations-Technik verändert die Berufs-Welt:

- **alte Berufe verlieren an Bedeutung:**
  Beispiele: Tankwart, Landwirt, Kassierer
- **Berufe ändern sich:**
  Beispiele: Kaufleute und Mechaniker benötigen unbedingt Kenntnisse der Informations-Technik
- **Neue Berufe entstehen:**
  Beispiele: Kommunikations-Elektroniker, Multimedia-Kaufleute
- **Mobilität und Flexibilität:**
  Beispiele: ständige Orts-Wechsel, Weiter-Bildung

4. Worauf legt die neue Berufs-Welt Wert?

Fachliche Kompetenz
- Beherrschung der deutschen Sprache
- Grund-Kenntnisse in Mathematik und den Natur-Wissenschaften

Persönliche Kompetenz
- Zuverlässigkeit, Fleiß
- Eigen-Initiative
- Leistungs-Wille
- Belastbarkeit
- Sorgfalt, Ehrlichkeit

Soziale Kompetenz
- Team-Fähigkeit
- Ordnungs-Sinn
- Freundlichkeit
- Konflikt-Fähigkeit
- Toleranz

5. In welchem Bereich finde ich Arbeit?

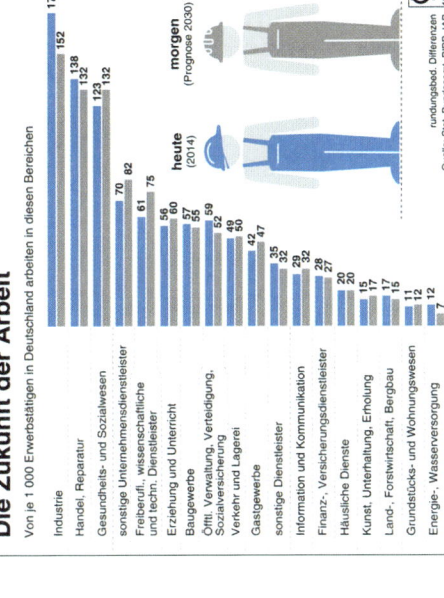

24 Demografischer Wandel

Was bedeutet der „demografische Wandel" für Deutschland?

⇨ Die Bevölkerung in Deutschland wird weniger und immer älter. Es gibt zu wenige Kinder. Ohne Zuwanderung könnte Deutschland im Jahr 2060 rund 17 Millionen weniger Einwohner haben als heute. Die Alters-Struktur in der Gesellschaft verändert sich (*siehe Grafik Seite 51*). Das stellt Bürger und Politiker vor große Herausforderungen.

Welche Rolle spielt die aktuelle Geburten-Rate in Deutschland?

⇨ Die Anzahl der Geburten ist dauerhaft zu niedrig. Im Jahr 2014 lag sie im Durchschnitt bei 1,42 Kindern pro Frau. Damit die deutsche Bevölkerung zahlenmäßig stabil bleibt, müsste eine Frau in ihrem Leben im Schnitt 2–3 Kinder zur Welt bringen.

Warum bekommen hierzulande Frauen weniger Kinder?

⇨ Sicher ist, dass die Zahl der kinderlosen Frauen steigt. Einfache Erklärungen dafür gibt es nicht. Frauen und Männer wollen sich stärker als früher in Ausbildung, Beruf und im privaten Bereich selbst verwirklichen. Viele Frauen bekommen ihr erstes und oft einziges Kind immer häufiger mit über 30 Jahren.

Gibt es weitere Gründe für die Überalterung der Gesellschaft?

⇨ Die aktuellen Krisen und Unsicherheiten in der ganzen Welt führen auch bei jungen Deutschen zu erheblichen Zukunfts-Ängsten. Man möchte seinen Kindern das Leben in einer solchen Welt nicht zumuten. Soziale und wirtschaftliche Nöte lassen sich häufig nicht mit dem Kinder-Wunsch vereinbaren.

Was sind die unmittelbaren Folgen des demografischen Wandels?

⇨ Fest steht, dass die Bevölkerungs-Zahl in Deutschland – ohne Zuwanderer und deren Nachkommen – bis 2050 auf etwa 65 Millionen sinken wird. Dazu kommt, dass die Menschen in Deutschland durch mehr Hygiene, bessere Ernährung und Gesundheits-Versorgung immer älter werden.

Welche Probleme bringt eine solche Entwicklung mit sich?

⇨ Es mangelt zunehmend an ausgebildeten Fachkräften. In der Sozial-Versicherung müssen wenige Beitrags-Zahler für immer mehr Versicherte aufkommen. Leere Landschaften entstehen: weniger Wohn-Siedlungen und Schulen, dazu eine schlechtere ärztliche Versorgung.

Könnte man den demografischen Wandel aufhalten?

⇨ Mit der aktuellen Geburten-Rate könnte man den demografischen Wandel nicht aufhalten. Um das Leben mit Kindern attraktiver zu machen, sind eine bessere Vereinbarung von Familie und Beruf sowie eine aktive Zuwanderungs-Politik nötig.

Bietet die Alterung der Bevölkerung auch Chancen für die deutsche Gesellschaft?

⇨ Wirtschaftlich betrachtet ganz sicher: Für die Pflege der älteren Menschen muss Personal eingestellt werden. Investitionen in neue Pflege-Heime und alters-gerechte Wohn-Einrichtungen schaffen Arbeits-Plätze. Qualifizierte Senioren können die Arbeits-Welt mit ihrer Erfahrung bereichern und den Konsum fördern.

Die Menschen werden einsehen müssen, dass Deutschland ohne Migration seine Zukunfts-Probleme nicht lösen kann. Diese Erkenntnis kann langfristig zu einem besserem Miteinander führen.

Geburten-Rate	Durchschnittliche Anzahl von Kindern je Frau	birth rate	معدل المواليد
Vereinbarkeit von Familie und Beruf	Die Möglichkeit, sich zugleich dem Beruf und dem Leben in der Familie widmen zu können	compatibility of work and family life	التوفيق بين الأسرة والوظيفة

24 Demografischer Wandel

Dieser Begriff bezieht sich auf die Veränderung der Alters-Struktur in Deutschland – auch im übrigen Europa. Die Deutschen werden immer älter, aber gleichzeitig auch immer weniger. So sorgen beispielsweise niedrige Geburten-Raten, eine steigende Lebens-Erwartung und die Zu- und Abwanderung von Menschen für große Veränderungen in der Gesellschaft. Dieser demografische Wandel stellt die politisch Verantwortlichen in Deutschland vor große Herausforderungen, die in den nächsten Jahren noch zunehmen werden.

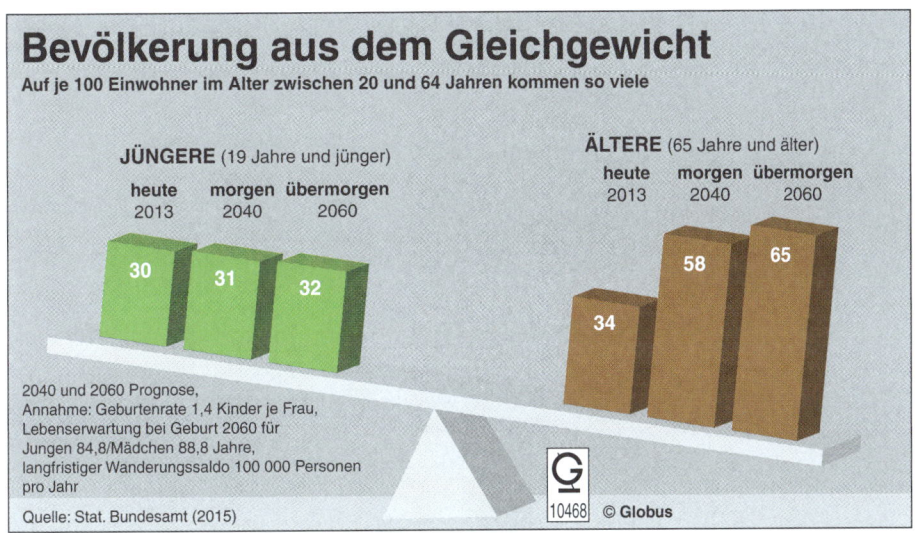

Bevölkerung aus dem Gleichgewicht
Auf je 100 Einwohner im Alter zwischen 20 und 64 Jahren kommen so viele

JÜNGERE (19 Jahre und jünger)
heute 2013 | morgen 2040 | übermorgen 2060
30 | 31 | 32

ÄLTERE (65 Jahre und älter)
heute 2013 | morgen 2040 | übermorgen 2060
34 | 58 | 65

2040 und 2060 Prognose,
Annahme: Geburtenrate 1,4 Kinder je Frau,
Lebenserwartung bei Geburt 2060 für
Jungen 84,8/Mädchen 88,8 Jahre,
langfristiger Wanderungssaldo 100 000 Personen
pro Jahr
Quelle: Stat. Bundesamt (2015)

10468 © Globus

Ursachen:

- Eltern bekommen ihr erstes Kind heute wesentlich später
- Zahl der kinderlosen Beziehungen steigt
- Junge Menschen legen immer mehr Wert auf Ausbildung, Studium und Beruf
- Soziale Not, Zukunfts-Ängste
- Wunsch nach Selbst-Verwirklichung
- neue Lebens-Formen (*siehe Seite 53*)
- fehlende Betreuung von Kindern, wenn Mütter und/oder Väter berufstätig sind

Auswirkungen:

- Rückgang der Bevölkerungs-Zahl
- Deutsche werden immer älter
- Mangel an jungen Fachkräften
- Immer weniger Menschen zahlen in die Sozial-Versicherung ein
- Konflikte zwischen Jung und Alt
- Mehr Senioren-Heime, erhöhter Pflege-Bedarf
- Weniger Schulen und Kitas
- „Leere Landschaften"(Land-Flucht)

Was wäre nötig?

- Bessere Vereinbarung zwischen Beruf und Familie
- Mehr Kinder-Betreuung
- Finanzielle Unterstützung der Eltern
- Aktive Zuwanderungs-Politik
- Verstärkte Aus- und Weiter-Bildung von Menschen ohne Arbeit und Migranten

Chancen:

- Beschäftigungs-Zuwachs, zum Beispiel im Bereich Pflege
- Investitionen, zum Beispiel in altersgerechte Wohn-Einrichtungen
- Ältere konsumieren nicht weniger, sondern anders
- Zuwanderer können die Geburten-Rate erhöhen

Erkenntnis:
Es ist grundsätzlich eine positive Entwicklung, dass Menschen älter werden und sich dabei einer besseren Gesundheit erfreuen. Hinzu kommt: Alter bedeutet auch Erfahrung und Weisheit.

25 Familie

Welche Bedeutung hat die Familie mit Kind in der deutschen Gesellschaft?

⇨ Die Familie wird als wichtige Grundlage für die Gesellschaft gesehen. Sie soll Kindern ein Beispiel für gutes Zusammen-Leben sein. In der Familie lernen Kinder Werte und Ideale. Dies gilt als gute Grundlage, um sich auch in der Gemeinschaft des Ortes, des Landes, des Staates positiv zu engagieren und Verantwortung zu übernehmen.

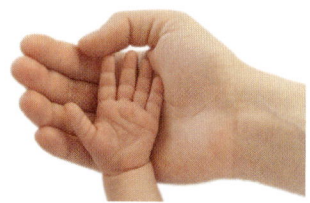

Was sind wichtige Veränderungen in der Familie?

⇨ Mütter und Väter können gleich-berechtigt einer beruflichen Tätigkeit nachgehen, sofern beide das Kindes-Wohl nicht vernachlässigen. Im Grund-Gesetz ist die Gleich-Berechtigung von Mann und Frau verankert. Die traditionelle Rollen-Verteilung = der Mann ist Ernährer, die Frau Hausfrau stimmt zunehmend nicht mehr. Neben der klassischen Ehe gibt es heute viele andere Partnerschaften – mit und ohne Kinder.

⇨ Um einen Arbeits-Platz zu finden, wohnen viele junge Leute weit von ihren Eltern und Groß-eltern entfernt.

Welchen Belastungen sind Familien häufig ausgesetzt?

⇨ Ein großes Problem bei der Erziehung der Kinder ist die Doppel-Belastung vieler Eltern in Beruf und Familie. Deutsche Männer halten sich im Haushalt nach wie vor eher zurück. Arbeitslosigkeit und unvereinbare Ansprüche beider Partner führen immer öfter zu Ehe-Scheidungen und Trennungen.

Wie steht es um die rechtlichen Absicherungen für berufstätige Mütter?

⇨ Während der Schwangerschaft und bis vier Monate nach der Geburt des Kindes besteht Kündigungs-Schutz. Sechs Wochen vor dem voraussichtlichen Termin der Geburt und acht Wochen danach gilt für Mütter ein Beschäftigungs-Verbot, der sogenannte Mutter-Schutz. Sie bekommen trotzdem Geld.

Welche staatlichen Maßnahmen zur Familien-Förderung gibt es?

⇨ Eltern haben Anspruch auf Kinder-Geld. Während des Mutter-Schutzes erhalten Arbeit-Nehmerinnen Mutterschafts-Geld von der Krankenkasse und dem Arbeit-Geber. Wer sein Kind selbst betreut, kann bis zum dritten Lebensjahr des Kindes in Eltern-Zeit gehen. In dieser Zeit muss man nicht arbeiten gehen. Wenn man wieder arbeiten will, bekommt man seine alte Arbeits-Stelle wieder. In dieser Zeit (maximal 12 Monate) bekommt man Eltern-Geld. Kinder sind in der Regel in der Kranken-Versicherung mit versichert. Bei der Berechnung der Rente werden Zeiten der Kinder-Erziehung angerechnet. Der Unterhalt der Kinder wird beim Arbeitslosen-Geld und der Lohn- und Einkommens-Steuer berücksichtigt.

Welches sind die meisten alternativen Lebens-Formen in Deutschland?

⇨ Manche bleiben ohne Partner und leben allein. Andere leben in Wohn-Gemeinschaften mit befreundeten Singles oder Paaren zusammen. Viele Paare heiraten in Deutschland nicht. Manche wohnen nicht einmal zusammen. Manchmal trifft sich die gemeinsame Familie nur am Wochen-Ende, weil ein Partner weiter entfernt arbeitet.

Kündigungs-Schutz	In besonderen Situationen wie bei Krankheit oder in der Schwangerschaft darf der Arbeit-Geber nicht kündigen	dismissal protection	حماية من الإقالة من العمل
Eltern-Zeit	Ein Zeitraum unbezahlter Frei-Stellung von der Arbeit nach der Geburt eines Kindes. Der Arbeits-Platz bleibt erhalten.	parental leave	إجازة الأبوة

25 Familie

Die Bedeutung der Familie in Deutschland

Die Familie ist die wichtigste gesellschaftliche „Institution" in Deutschland. Sie ernährt und versorgt ihre Mitglieder und prägt sie ein Leben lang. Hier werden Werte und Normen vermittelt. An diesen orientiert man sich später im Alltag. Der familiäre Umgang prägt das Verhalten in der Gesellschaft. Zwischen-menschliche Beziehungen sind wichtig für den Erfolg in Beruf und Freizeit.

Aufgaben der Eltern

- Zeugung
- Ernährung und Pflege
- Erziehung zu Werten und Einsichten
- Geborgenheit
- Rückzugs-Raum
- Freizeit-Gestaltung

Rechtliche Stellung

Grund-Gesetz Artikel 6 (1) staatlicher Schutz:

- Kündigungs-Schutz
- Mutter-Schutz (Beschäftigungs-Verbot)
- Eltern-Zeit zur Kinder-Betreuung

Unterstützung

- Mutterschafts-Geld
- Kinder-Geld, Eltern-Geld
- Kranken-Versicherung
- Arbeitslosen-Geld
- Rente
- Steuer-Ersparnis
- Ausbildungs-Hilfen

Veränderungen

- Mehr Frauen im Beruf
- Veränderte Rollen
- Berufliche Mobilität
- Selbst-Verwirklichung
- Verzicht auf Kinder
- Weniger Ehen
- Gleich-Berechtigung

Probleme

- Erziehung der Kinder oft schwierig
- Doppelte Belastung der Eltern durch Familie und Beruf
- Arbeitslosigkeit
- Ehe-Scheidungen und Trennungen
- Geldmangel
- Wenig Zeit für Familie

Andere Lebensformen

- Kinderlose Paare
- Patchwork-Familien
- Wohn-Gemeinschaften
- Mehr Singles
- Allein-Erziehende
- Gleich-Geschlechtliche Paare

26 Stellung der Frau in Familie und Beruf

Frauen sind unsere bedeutendste verfügbare Ressource.

⇨ 2008 sagte ein bekannter Unternehmens-Berater, dass man überall auf der Welt das Potenzial von Frauen mehr nutzen müsse. Ob in Krisen-Regionen, Entwicklungs-Ländern oder in der post-industriellen Gesellschaft – weibliche Zielstrebigkeit, Kreativität und Intelligenz sind gefragt.

Hat man diesen Rat in der deutschen Gesellschaft aufgegriffen?

⇨ Frauen werden im Berufs-Leben immer erfolgreicher. In der Schule sind sie in der Regel besser als die Jungen. An vielen Universitäten überwiegen Studentinnen. Trotz dieser Entwicklung sind Frauen in beruflichen Führungs-Positionen allerdings seltener anzutreffen: Ihr Anteil liegt nur bei rund 30 Prozent. In vielen sozialen Berufen überwiegt der Frauen-Anteil. Diese Berufe sind oft nicht sehr gut bezahlt.

Wie sah das Rollen-Verständnis in Deutschland vor 50 Jahren aus?

⇨ Der Mann war das Oberhaupt der Familie und sorgte für den Lebens-Unterhalt. Er behütete die Familie vor Gefahren und vertrat diese nach außen. Die Ehefrau ordnete sich ihm weitgehend unter, durfte ohne seine Zustimmung keine größeren Einkäufe vornehmen und selbst keine Arbeit annehmen. Sie war ausschließlich für den Haushalt und die Versorgung der Kinder zuständig.

Ist das im heutigen Deutschland ganz anders?

⇨ Grundsätzlich schon. Die alte Rollen-Teilung ist immer seltener in deutschen Familien anzutreffen – Ausnahmen wird es immer geben. Die Frau kann rechtlich alle die Familie betreffenden Entscheidungen allein vornehmen. Natürlich kümmern sich immer noch viele Frauen ausschließlich um Haushalt und Kinder. Das ist dann meist eine Notwendigkeit oder eigener Wunsch.

Worauf beruht das heutige Rollen-Bild der deutschen Frauen?

⇨ Die rechtliche Stellung der Frau ist eindeutig im Grund-Gesetz Artikel 3 (2) fest-geschrieben. Alle Grund-Rechte gelten ohne Unterschied für Frauen und Männer. Darüber hinaus streben Frauen immer häufiger nach privater und beruflicher Unabhängigkeit, dafür sorgen ihr neues Selbst-Bewusstsein und der Ehrgeiz. So nutzen sie entschlossen gleiche Bildungs-Chancen in Ausbildung und Studium.

Könnte die Gleich-Berechtigung der Frauen in Deutschland noch weiter verbessert werden?

⇨ Ja. Es sollte gleichen Lohn für gleiche Arbeit geben. Frauen sollten die gleichen Chancen zum beruflichen Aufstieg haben. In der Familie wäre sicherlich mehr Entlastung durch die Väter möglich. Die Politik müsste den Bau von Kinder-Gärten und Schulen mit Betreuung über den ganzen Tag beschleunigen. Unternehmen könnten für ein familien-freundlicheres Betriebs-Klima sorgen. Es könnte selbstverständlicher werden, dass Mütter und Väter Eltern-Zeit nehmen.

Rolle	Hier: die Erwartung der Gesellschaft an das Verhalten der Frauen	role	دور (مثل دور المسرح)
Ressource	Hier: menschliches Potential wie Talente, Fähigkeiten, Bildung	resource	موارد
Post-industriell	Nach-industrielle Volks-Wirtschaft, in der Dienstleistungen vorherrschen	postindustrial	ما بعد الصناعي

26 Stellung der Frau in Familie und Beruf

Heutige Rollen

- Keine klare Rollen-Trennung
- Entscheidungen werden gleich-berechtigt getroffen
- Frau und Mann kümmern sich zusammen um Kinder und Haushalt

Hemmnisse

- Fehlende Kinder-Betreuung und Ganztags-Schulen
- Viele Teilzeit-Jobs
- Doch noch alte Rollen-Bilder vorhanden
- Einseitige Studien- und Berufs-Wahl
- Frauen arbeiten seltener in Führungs-Positionen
- Doppelte Belastung durch Familie und Beruf

Frauen werden im Berufs-Leben immer erfolgreicher

Sie haben klare, eigene Vorstellungen, wie ihr persönlicher Lebens-Weg verlaufen soll. Zwischen 80 und 90 Prozent der Frauen unter 30 Jahren wollen eine gute Ausbildung absolvieren, finanziell unabhängig sein und nicht zwischen Beruf und Familie entscheiden müssen. Sie wollen berufliche Ziele mit privaten Wünschen vereinen.

Der Anteil an arbeitstätigen Frauen in Deutschland wird steigen

Deutsche Unternehmen wetteifern derzeit um weibliche Ressourcen, denn

- bei steigender Lebens-Erwartung und niedrigen Geburten-Raten wird qualifizierter Nachwuchs knapp,
- der Mangel an Fach- und Führungs-Kräften steigt zunehmend,
- die Zahl qualifizierter ausländischer Mitarbeiter ist gering.

Traditionelle Rollen

- Mann ist das Oberhaupt: Er sorgt für den Lebens-Unterhalt, schützt und vertritt die Familie nach außen.
- Frau ist untergeordnet: Sie ist zuständig für Haushalt und Kinder.

Moderne Frau

- Rechtliche Gleich-Stellung
- Unabhängigkeit
- Ehrgeiz, Selbst-Bewusstsein
- Gleiche Bildungs-Chancen
- Frauen sind zunehmend in betrieblichen Führungs-Positionen anzutreffen
- Abgesichert durch Mutter-Schutz, Renten-Ansprüche

27 Ehe und Partnerschaft

Welche Rolle spielt die Verlobungs-Zeit vor der Ehe-Schließung?

⇨ Die Verlobung ist das Versprechen, einander zu heiraten. In Deutschland verloben sich die Partner gemeinsam. Selten fragen die Männer die Eltern der Braut.
Die Verlobung ist nicht vorgeschrieben. Sie ist damit ohne rechtliche Wirkung. Es handelt sich nur um ein Versprechen, das die künftigen Ehe-Partner einseitig auflösen können.
Die Verlobung soll einander und Außen-Stehenden zeigen, dass man heiraten will.

Wer darf in Deutschland heiraten?

⇨ Für die Ehe-Schließung müssen beide Partner volljährig sein, also mindestens 18 Jahre. Ist nur eine Person volljährig und die zweite Person mindestens 16 Jahre alt, müssen deren Erziehungs-Berechtigte zustimmen. Auf Antrag kann auch ein Gericht die Heirat erlauben.

Sind auch Menschen von der Ehe-Schließung ausgeschlossen?

⇨ Ist eine Person bereits verheiratet, darf sie nicht gleichzeitig ein zweites Mal heiraten. Verboten ist neben der Doppel-Ehe auch die Ehe zwischen Bluts-Verwandten in gerader Linie (zum Beispiel Mutter und Sohn) und unmittelbar Verwandten (zum Beispiel Cousin und Cousine).

Wie findet die eigentliche Ehe-Schließung statt?

⇨ Die künftigen Ehe-Partner müssen zusammen vor dem Standes-Beamten erscheinen. Dort geben sie gemeinsam ihr „Ja-Wort". Damit ist die Ehe geschlossen. Nach dem Bürgerlichen Gesetz sind sie damit folgende Verpflichtungen eingegangen:

- Die Ehe-Partner führen den Haushalt gemeinsam.
- Beide Ehe-Partner sind berechtigt, erwerbstätig zu sein.
- Jeder Ehe-Partner darf Geschäfte für den Haushalt abschließen.

Wem gehört was in der Ehe?

⇨ Was dem einzelnen Partner vor der Ehe gehörte, gehört ihm auch in der Ehe noch. Der andere kann nicht einfach so darüber verfügen. Was man in der Ehe neu verdient, wird bei Scheidung zu gleichen Teilen aufgeteilt. Man kann aber auch einen Ehe-Vertrag machen. Im Vertrag kann zum Beispiel stehen, dass beiden alles zusammen gehört. Oder, dass jeder sein Vermögen behält. Auch für den Fall einer Scheidung muss dann nicht gerecht verteilt werden.

Wann und wie können die Partner ihre Ehe auflösen?

⇨ Nach dem Prinzip der „Zerrüttung" ist eine Scheidung der Ehe möglich, wenn die Lebens-Gemeinschaft der Ehe-Partner nicht mehr besteht und eine Wieder-Herstellung nicht mehr zu erwarten ist. Die Ehe kann nur durch ein gerichtliches Urteil auf Antrag eines oder beider Ehe-Gatten geschieden werden. Der Familien-Richter prüft, ob die Ehe zerrüttet und somit gescheitert ist. Es gibt kein „Schuld-Prinzip".

Kann man in Deutschland gemeinsam leben – ohne Trauschein?

⇨ Ja. Immer mehr Paare führen eine nicht-eheliche Beziehung. Ähnlich wie die Verlobung sehen junge Menschen auch die Ehe nicht als zwingend notwendig für ihr Zusammen-Leben an. Für eine Trennung gibt es keine gesetzlichen Vorschriften.

Verlobung	das Versprechen, einander zu heiraten	engage-ment	خطوبة
Standes-Amt/Standes-Beamte	Behörde, die Geburt, Heirat, Tod und ähnliches festhält. Beamte sind die Menschen, die dort arbeiten.	civil regis-try office	مكتب/موظف الأحوال الشخصية
Ehe	Verheiratet-Sein	marriage/matrimony	الزواج
Scheidung	Auflösung einer Ehe, offizielle Trennung von Partnern	divorce	الطلاق

27 Ehe und Partnerschaft

1. Verlobung

a) Die *Verlobungs-Zeit* dient dem besseren Kennen-Lernen vor der Ehe-Schließung.

b) Die Verlobung ist ein formloses Ehe-Versprechen und kann jederzeit durch die Partner aufgelöst werden.

c) Bei *Auflösung* der Verlobung müssen erhaltene Geschenke (zum Beispiel Schmuck, Geld) auf Verlangen zurück gegeben werden.

2. Ehe

Ehe-Mündigkeit:

- Beide Partner sollten volljährig (18 Jahre alt) sein.
- Ist nur eine Person volljährig und die zweite Person mindestens 16 Jahre alt, müssen die Eltern zustimmen.
- Das Vormundschafts-Gericht gibt auf Antrag die Erlaubnis zur Heirat.

Ehe-Verbote:

- Bigamie: Bereits verheiratete Personen dürfen nicht noch einmal heiraten.
- Es dürfen keine engen Verwandtschafts-Verhältnisse bestehen.

Ehe-Schließung:

- Die Ehe wird vor einem Standes-Beamten geschlossen.
- Beide Partner müssen gleichzeitig erscheinen.
- Sie erklären persönlich, dass sie die Ehe eingehen wollen.
- Die Ehe-Partner verpflichten sich gemäß Bürgerlichem Gesetzbuch zur gemeinsamen Führung des Haushalts.

Namens-Recht

- Die Ehe-Partner können einen gemeinsamen Familien-Namen wählen. Dies kann der Name der Frau oder des Mannes sein.
- Es besteht die Möglichkeit, dass beide Ehe-Partner ihre Namen weiterführen.

Ehe-Scheidung

- Die Ehe muss gescheitert sein, dann gilt das sogenannte Zerrüttungs-Prinzip.
- Die Ehe-Partner müssen mindesten ein Jahr getrennt leben.
- Durch die Unterhalts-Verpflichtung muss der finanziell Besser-Gestellte dem finanziell Schwächeren Unterhalt leisten.

3. Lebens-Partnerschaften = nicht eheliche Gemeinschaften

Immer mehr Paare entscheiden sich für die „Ehe ohne Trauschein".

Das Zusammen-Leben gleich-geschlechtlicher Partner ist im Lebens-Partnerschafts-Gesetz gesetzlich geregelt.

28 Arm und reich

Gibt es in Deutschland eine klare Trennung zwischen armen und reichen Bürgern?

⇨ Nein, die Grenzen sind fließend. Rund 3,5 Prozent der Bevölkerung sind sehr reich und rund 8 Prozent sehr arm. Die Unter-Schicht verfügt über so geringe Mittel, dass sie am kulturellen und sozialen Leben wenig teilnehmen kann. Einige Menschen haben keine Wohnung. Sie müssen aber nicht verhungern. Der Staat und verschiedene gesellschaftliche Gruppen versuchen, arme Menschen mit Hilfs-Angeboten zu unterstützen. Es gibt zum Beispiel öffentliche Essens-Ausgaben oder Kleider-Kammern.

Die meisten Menschen gehören der Mittel-Schicht an (rund 50 Prozent der Bevölkerung). Sie haben Arbeit und ein ausreichendes bis gutes Einkommen.

Wer ist in Deutschland arm?

⇨ Als arm gilt, wer weniger als 60 Prozent des durchschnittlichen Einkommens hat. Dies entspricht zurzeit 850 Euro im Monat. Danach sind rund 14 Millionen Menschen armuts-gefährdet. Heute bezeichnet man häufig auch Menschen als arm, die neben finanzieller Not keinen Zugang zu Bildung und sozialem Aufstieg haben.

Wie sieht die Verteilung der Einkommen in Deutschland genauer aus?

⇨ Die Informationen der Behörden und Institute weichen immer leicht voneinander ab. Die Zahlen der Grafik auf Seite 59 geben eher eine Richtung an – aktuelle Daten sind im Internet abrufbar.

Was sind die wichtigsten Armuts-Risiken in Deutschland?

⇨ Das Risiko, in Armut zu geraten oder zu bleiben, ist in erster Linie mit der Erwerbs-Tätigkeit verbunden. Menschen ohne Arbeit und solche, die sehr wenig verdienen, leben in Armut oder sind von Armut bedroht.

Welche weiteren Personen können von Armut betroffen sein?

⇨ Menschen mit geringer Bildung, niedrigen Einkommen oder hohen Schulden. Gefährdet sind auch Migranten, Flüchtlinge, Senioren mit geringer Rente, Kranke und schwer-behinderte Menschen. Häufig sind allein-erziehende Mütter und ihre Kinder von Armut bedroht.

Was sind die täglichen Belastungen dieser Menschen?

⇨ Neben wenig Haushalts-Geld besitzen sie selten Wohnungs-Eigentum. In vielen Städten ist es schwierig, bezahlbare Wohnungen zu finden. Dazu kommen manchmal Krankheiten, psychische Probleme und soziale Ausgrenzung.

Sind die meisten Deutschen also in erster Linie reiche Menschen?

⇨ Sicher nicht, aber wie die Grafik auf der nächsten Seite zeigt, leben 2/3 der Bürger in relativem Wohlstand. Im Vergleich zu vielen anderen Ländern der Erde geht es den meisten Menschen in Deutschland gut.

Die 3,5 Prozent der „Super-Reichen" besitzen oft Häuser, Grundstücke, Geld und kennen viele einflussreiche Menschen. Sie zahlen ungefähr ein Viertel der gesamten Einkommens-Steuer.

Erwerbs-Tätigkeit	Arbeit haben und Geld verdienen	employment	الشغل
Finanziell	Geld betreffend	financial	مالي
Migranten	Menschen, die aus einem anderen Land gekommen sind	migrants	مهاجرون
Einkommens-Steuer	Steuern auf Löhne und Gehälter, ein Teil des Einkommens geht an den Staat	income tax	ضريبة الدخل

28 Arm und reich

Arm und reich in Deutschland

Trotz europäischer Finanz-Krise, internationaler Konflikte und Aufnahme vieler Flüchtlinge ist Deutschland ein wirtschaftlich erfolgreiches Land. So ist dem Armuts- und Reichtums-Bericht der Bundes-Regierung zu entnehmen, dass das private Vermögen der Deutschen in den letzten Jahren um 1,4 Billionen Euro gewachsen ist. Allerdings ist der Reichtum sehr ungleich verteilt: Zehn Prozent der reichsten Menschen besitzt mehr als 60 Prozent des gesamten Vermögens. Gleichzeitig leben in in Deutschland Millionen Menschen in Einkommens-Armut oder sind von ihr bedroht. Im Vergleich zum Rest der Bevölkerung müssen sie mit erheblichen Einschränkungen leben.

1. Arm nach Definition der UNO

- weniger als 1,25 US-Dollar pro Tag zum Leben
- keine medizinische Versorgung
- kein sauberes Wasser

Betrifft weltweit rund 1,2 Milliarden Menschen

2. In Deutschland gibt es diese Armut nicht

- Niemand muss verhungern
- Not-Unterkünfte für Obdachlose und Flüchtlinge
- Verwahrloste Kinder kommen in ein Heim oder zu Pflege-Eltern
- Jedem Bürger stehen 706,00 Euro Existenz-Minimum zu

3. Arm nach Definition der EU

- Arm ist, wer weniger als 60 Prozent des Durchschnitts-Einkommens hat
- entspricht 850,00 Euro pro Monat

In Deutschland sind rund 14 Millionen Menschen armuts-gefährdet

4. Ursachen der Armut in Deutschland

- hoher Anteil ist arbeitslos
- niedriges Einkommen
- Minijobs und Teilzeit-Beschäftigung
- Schulden
- Bildungs-Mangel
- Familien mit vielen Kindern
- Flüchtlinge

5. Ursachen für Wohlstand in Deutschland

- gute Bildung
- beruflicher Erfolg
- Schicht-Zugehörigkeit
- Erbschaften
- Immobilien, Geld-Vermögen
- Beziehungen
- „Glück"

Wie das Einkommen verteilt ist

Haushalte in Deutschland 2013 mit einem monatlichen Nettoeinkommen* in Höhe von …

14,1 %
3,6
11,7
19,0
14,6
22,7
14,4

- 7 500 Euro und mehr
- 4 000 bis unter 7 500 Euro
- 2 600 bis unter 4 000 Euro
- unter 1 100 Euro
- 1 100 bis unter 1 500 Euro
- 1 500 bis unter 2 000 Euro
- 2 000 bis unter 2 600 Euro

*Summe aller Einkünfte inkl. Sozialleistungen, Kapitalerträge u. a., abzgl. Steuern und Sozialabgaben

Quelle: GfK GeoMarketing

6515 © Globus

rundungsbedingte Differenz

29 Sozial-Versicherung

Daten und Fakten

Das soziale Netz der Bundes-Republik Deutschland ist eines der leistungs-stärksten Sozial-Systeme der Welt. Die soziale Sicherung beruht auf drei „Prinzipien":

- dem **Versicherungs-Prinzip:**

  Hier steht solidarische Selbst-Hilfe im Mittel-Punkt. Nach dem Motto: „Einer für alle, alle für einen". Eine staatliche Versicherung beruht darauf, dass Menschen, die bestimmten Risiken ausgesetzt sind, diese auch gemeinsam tragen. Ein Beispiel sind die Sozial-Versicherungen.

- dem **Versorgungs-Prinzip:**

  Versorgungs-Leistungen, die der Staat erbringt, werden aus Steuern, also von allen Bürgern, finanziert. Ein Beispiel sind die Kriegs-Opfer, die eine finanzielle Entschädigung erhalten.

- dem **Fürsorge-Prinzip:**

  Es kommt vor allem dort zur Geltung, wo die anderen beiden Prinzipien und Einrichtungen der sozialen Sicherung vor individuellen Not-Situationen versagen. Ein Beispiel ist das Wohngeld.

Grund-Voraussetzungen der Sozial-Versicherung in Deutschland

Nur durch die Beachtung grundlegender Regeln können die Träger der deutschen Sozial-Versicherung für den Ausgleich eines Einkommens-Ausfalls aufkommen:

- **Versicherungs-Pflicht:**

  In Deutschland sind fast 90 Prozent der Bevölkerung in der Sozial-Versicherung pflicht-versichert oder freiwillig versichert.

- **Finanzierung durch Beiträge:**

  Die Sozial-Versicherungen werden überwiegend aus Beiträgen der Arbeit-Nehmer und Arbeit-Geber finan-ziert. Die Beiträge orientieren sich am Gehalt des Arbeit-Nehmers.

- **Solidarität:**

  Die zu versichernden Risiken werden von allen Versicherten gemeinsam getragen. Unab-hängig, wie viel die Versicherten eingezahlt haben, sind sie voll abgesichert. Durch diesen solidarischen Ansatz wird der Ausgleich geschaffen. Zum Beispiel zwischen Gesunden und Kranken oder Jung und Alt.

- **Selbst-Verwaltung:**

  Die Träger der Sozial-Versicherungen erfüllen alle Steuerungs-Aufgaben in eigener Verantwor-tung unter der Aufsicht des Staates. Damit sind sie weitgehend selbstständig.

Notwendigkeit von Privat-Versicherungen

Gefahren, die den Bürger im Alltag treffen können, müssen gesondert versichert werden über

- Personen-Versicherungen wie beispielsweise Lebens-Versicherungen, Berufs-Unfähigkeits-Versicherungen, private Unfall-Versicherungen, private Kranken-Versicherungen.
- Sach-Versicherungen wie beispielsweise Auto-Versicherungen, Haftpflicht-, Hausrat- und Rechts-Schutz-Versicherungen.

Versicherung	Übernimmt bei regelmäßiger Einzahlung Risiken	assurance	تأمين
Prinzipien	Feste Grundsätze, nach denen gehandelt wird	principles	مباديء
Solidarität	Verbundenheit von Personen und Gruppen untereinander	solidarity	تضامن
Wohngeld	Bürger mit sehr niedrigem Einkommen erhalten auf Antrag einen Zuschuss zur Miete.	housing allowance	إعانة السكن المالية

29 Sozial-Versicherung

Artikel 20 (1) Grund-Gesetz sagt „Die Bundes-Republik Deutschland ist ein demokratischer und *sozialer* Bundes-Staat". Deshalb gewährt der deutsche Staat zum Schutz seiner Bürger eine Reihe an sozialen Sicherheiten. Den wichtigsten Bereich stellen die fünf Elemente der Sozial-Versicherung dar. Es handelt sich hier um gesetzlich vorgeschriebene Pflicht-Versicherungen – *nicht zu verwechseln mit privater Vorsorge.*

Sozial-Versicherungen	Beitrags-Satz = % des Lohns	davon zahlt der Arbeit-Nehmer in %
Kranken-Versicherung	14,60	7,30
Unfall-Versicherung	Je nach Branche	-
Renten-Versicherung	18,70	9,35
Pflege-Versicherung	2,35	1,175
Arbeitslosen-Versicherung	3,0	1,5

Kranken-Versicherung: Zentrale Aufgabe ist es, die Gesundheit der Versicherten zu erhalten, wieder herzustellen oder zu verbessern.
Wichtige Leistungen: Medikamente, ärztliche Behandlung, Kranken-Geld, Mutterschafts-Geld, Vorsorge, Behandlung im Kranken-Haus, Hilfe für den Haushalt.

Unfall-Versicherung: Sie bietet Arbeit-Nehmern, Unternehmern, Schülern und Studenten am Arbeits-Platz oder auf dem Weg dorthin und zurück Versicherungs-Schutz
Wichtige Leistungen: Verhütung von Arbeits-Unfällen und Berufs-Krankheiten, Arbeits-Schutz, umfassende Heil-Behandlung, Umschulungs-Maßnahmen, Geld-Leistungen an Versicherte und Hinterbliebene.

Renten-Versicherung: Neben der Zahlung von Renten auf der Basis der Arbeit-Nehmer-Beiträge ist die Wieder-Herstellung der Arbeits-Kraft (Rehabilitation) wichtig.
Wichtige Leistungen: Regel-Arbeits-Rente ab dem 65. Lebensjahr; Rente wegen verminderter Erwerbs-Tätigkeit (Früh-Rente); Rente wegen Todes (zum Beispiel Witwen-Rente).

Pflege-Versicherung: Sie sichert das finanzielle Risiko der Pflege-Bedürftigkeit ab, ist aber keine Voll-Versicherung. Eigen-Leistungen der Versicherten sind nötig.
Wichtige Leistungen: Tages- und Nacht-Pflege nach drei Pflege-Stufen, Kurse, Hilfs-Mittel, technische Hilfen.

Arbeitslosen-Versicherung: Zu ihren Leistungen gehört die Sicherung des Lebens-Unterhalts im Falle der Arbeitslosigkeit und Unterstützung der Arbeit.
Leistungen: Unterstützung des Lebens-Unterhalts mit Arbeitslosen-Geld, Kurzarbeiter-Geld, Unterstützung bei Reise-Kosten und Umzugs-Kosten, Förderung der beruflichen Aus- und Weiter-Bildung.

30 Bildungs-System

Warum ist Bildung in Deutschland so wichtig?

⇨ Deutschland verfügt im Gegen-Satz zu vielen anderen Ländern kaum über Roh-Stoffe. Diese müssen für viel Geld von anderen Ländern gekauft werden. Die teuren Importe müssen durch den Export hoch-wertiger Güter aus deutscher Produktion ausgeglichen werden. Dazu benötigt die Wirtschaft sehr gut ausgebildete Fach-Kräfte.

Ist Bildung demnach nur auf die gut gehende Wirtschaft ausgerichtet?

⇨ Nein. Bildung ist zwar entscheidend für den wirtschaft-lichen und beruflichen Erfolg, aber nur durch sie kann der Einzelne im Leben seine Talente entfalten und sich in der Gesellschaft bewähren.

Was sind Vorteile des deutschen Bildungs-Systems?

⇨ In Deutschland werden die berufliche und die allgemeine Bildung gleich bewertet. Das Bildungs-System ist durchlässig. Das heißt zum Beispiel, ein Absolvent eines Wirtschafts-Gymnasiums kann im allgemeinen Hochschul-Bereich studieren und promovieren. Besonders ist in Deutschland die Berufs-Ausbildung. Sie findet parallel in Betrieben und Schulen statt. Die dadurch erworbene Kombination aus praktischen und theoretischen Kenntnisse ist internatio-nal sehr gut anerkannt.

Was gibt es vor der Schule?

⇨ In diesem ersten Bildungs-Bereich werden die Kinder in Krippen und Kinder-Gärten bis zu ihrem Schul-Eintritt betreut. Obwohl der Besuch dieser Einrichtungen nicht verpflichtend ist, ist er doch ein fester Bestand-Teil der frühen Erziehung der Kinder in Deutschland geworden. Alle Kinder ab 1 Jahr haben das Recht auf einen Kinder-Garten-Platz.

Welche Ausbildung findet in der Grund-Schule statt?

⇨ In der Regel beginnt hier die Schulpflicht. Alle Kinder müssen die Klasse 1 bis 4 oder 1 bis 6 in der Grund-Schule besuchen. Am Ende der Grund-Schul-Zeit gibt es verschiedene weiter-führenden Schulen. Sie haben Schwerpunkte im wissenschaftlichen Bereich (Gymna-sien) oder sind eher praktisch ausgerichtet (Haupt-Schulen)

Wann endet die Schulpflicht?

⇨ Grundsätzlich besteht bis zum Alter von 18 Jahren Schul-Pflicht. Der weitere Besuch der Schule ist freiwillig. Er bietet die Möglichkeit, Fach-Abitur oder Abitur zu machen. Diese Abschlüsse sind Voraussetzung für den Besuch einer Fach-Hochschule oder Universität.

Was ist die besondere Rolle des beruflichen Bereichs?

⇨ Deutschland benötigt neben der theoretischen Ausbildung an den Universitäten viele Absolven-ten praxis-orientierter Studien-Gänge wie beispielsweise an den Fach-Hochschulen. Eine immer wichtigere Rolle spielen hier die Berufs-Akademien. Sie vereinen, ähnlich wie Berufs-Schulen, ganz lebens-nah Theorie und Praxis: Jeder Student der dualen Hochschule muss zusätzlich einen Ausbildungs-Platz im Betrieb nachweisen. Er studiert im Wechsel einige Zeit und ist zur praktischen Ausbildung im Betrieb.

Bildungs-System	Begriff, der alle deutschen Bildungs-Einrichtungen umfasst	educational system	نظام تعليمي
Schul-Pflicht	Kinder zwischen 6 und 18 Jahren müssen auf eine Schule geschickt werden	compulsory schooling	الإلزام المدرسي

30 Bildungs-System

Die Schulen in Deutschland sind je Bundes-Land unterschiedlich. Überall müssen die Kinder zwischen sechs und 18 Jahren zur Schule gehen. Es besteht Schul-Pflicht. Es gibt verschiedene Schul-Abschlüsse:

- Haupt-Schul-Abschluss (nach acht Jahren Schule)
- Mittlere Reife (nach neun Jahren Schule)
- Abitur (nach zwölf oder 13 Jahren Schule)

Im Anschluss kann eine weitere Ausbildung in Betrieben, an Schulen und Universitäten erfolgen.

Die besondere Rolle des beruflichen Bereichs

Die allgemeine Bildung an Grund-Schulen und weiterführenden Schulen ist natürlich wichtig. Daneben fordern der ständige Berufs-Wandel und wechselnde Anforderungen am Arbeits-Platz auch eine umfassende berufliche Bildung. Wichtige Einrichtungen für die Berufs-Ausbildung sind:

1. Berufs-Schule und Berufs-Ausbildung

Fast die Hälfte der Jugendlichen eines Jahrgangs in Deutschland entscheidet sich für eine Berufs-Ausbildung im sogenannten dualen System. Dort findet die Ausbildung an zwei Lern-Orten statt: im Betrieb und in der Berufs-Schule. Die Berufs-Schule vermittelt die nötigen Qualifikationen für die Ausübung von anspruchsvollen Berufen.

2. Fach-Ober-Schule

Die zweijährige Fach-Ober-Schule baut auf einem mittleren Schul-Abschluss auf und führt zur Fach-Hochschul-Reife. Sie beinhaltet auch eine fachpraktische Ausbildung.

3. Fach-Gymnasium

Das berufliche Gymnasium (Wirtschafts-Gymnasium, Technisches Gymnasium) ist ein dreijähriger Vollzeit-Bildungsgang mit einem berufs-bezogenen Schwerpunkt (Wirtschaft, Technik). Ziel ist neben dem Erwerb der allgemeinen Hochschul-Reife die Vorbereitung auf eine berufliche Ausbildung.

4. Berufs-Akademie oder duale Hochschule

Ähnlich der Berufs-Schule bietet die Berufs-Akademie ein Studium an, das mit einem betrieblichen Ausbildungs-Platz verbunden ist.

31 Religions-Freiheit

Spielt die Zugehörigkeit zu einer Religion in Deutschland eine große Rolle?

⇨ Eigentlich nicht. Vielen Deutsche gehören zu keiner Religion. Es gibt viele Austritte aus den christlichen Kirchen. Die Ökumene wird immer wichtiger.

Welches sind die wichtigsten Religionen in Deutschland?

⇨ Etwa 2/3 der Bevölkerung bekennen sich zu einer christlichen Konfession. Die jüdischen Gemeinden wachsen. Sie haben über 100 000 Mitglieder. Die größte nicht-christliche Gruppe sind die etwa fünf Millionen Muslime in Deutschland.

Gilt die Freiheit des Glaubens für jeden Deutschen?

⇨ Der Artikel 4 (1,2) des Grund-Gesetzes garantiert dies ausdrücklich: Die ungestörte Religions-Ausübung ist gewährleistet.

Ist nicht-christlichen Bürgern der Zugang zu öffentlichen Ämtern versperrt?

⇨ Nein. Die Zulassung zu staatlichen Ämtern ist unabhängig vom religiösen Bekenntnis.

Was bedeutet Religions-Freiheit im täglichen Leben?

⇨ Niemand kann dem mündigen Bürger die freie Wahl seines Glaubens verwehren, also den Eintritt in eine Glaubens-Gemeinschaft. In Deutschland ist der Austritt aus einer Glaubens-Gemeinschaft erlaubt und grundsätzlich straffrei. Ebenso haben die Bürger das Recht, keiner Religions-Gemeinschaft anzugehören.

Haben die größten Religions-Gemeinschaften auch Gemeinsamkeiten?

⇨ Erstaunlich viele. So sehen alle in Gott den Schöpfer der Erde und finden die Erlösung durch ein Leben nach den Gesetzen der heiligen Schrift (Christentum: Bibel; Judentum: Thora; Islam: Koran). Es besteht der grundsätzliche Glaube an das Jenseits, dort werden die Menschen nach dem Tod entweder belohnt oder bestraft.

Weshalb sind Glaube und Religion für viele Bürger so wichtig?

⇨ Das gemeinsame Gebet verbindet die Menschen und schafft Zusammen-Gehörigkeit unter den Gläubigen. Besonders ältere Menschen sind in christlichen Kirchen anzutreffen, der Glaube nimmt ihnen auch die Angst vor dem Tod. In ihrer Religion finden die Menschen Halt und lernen dort moralische Verhaltens-Regeln.

Kann die Existenz verschiedener Religionen in Deutschland Konflikte verursachen?

⇨ Natürlich kann der fundamentale Wahrheits-Anspruch von Teilen einer Glaubens-Gemeinschaft zu Konflikten mit anderen Religionen führen. Aber eine Einschränkung der freien Religions-Ausübung ist aus diesem Grund in Deutschland nicht festzustellen.

Ökumene	Dialog und Zusammenarbeit unterschiedlicher Konfessionen	ecumenical movement	كنسي
gläubig	Von der Existenz Gottes überzeugt, fromm	religious/believing	متدين
fundamental	Hier: Eine grundlegende Haltung im Glauben	fundamental	أصولي

31 Religions-Freiheit

Gute Seite der Religionen

- Das Zusammensein im Gebet
- Zuflucht bei Schicksals-Schlägen
- Nimmt die Angst vor dem Tod
- Bietet den Menschen Halt in einer vorgegebenen Ordnung
- Gibt moralische Verhaltens-Regeln
- Schafft anerkannte Vorbilder

Mögliche Probleme

- Ein Wahrheits-Anspruch sorgt für Konflikte mit anderen Religionen
- Manche Religionen lehnen die Menschen-Rechte ab
- Staats-Gewalt im Namen Gottes
- Pflicht zur Einhaltung von eigenen Gesetzen

„Die Freiheit des Glaubens, des Gewissens und die Frei-heit des religiösen und weltanschaulichen Bekenntnisses von Kirche und Staat sind unverletzlich. Die ungestörte Religions-Ausübung wird gewährleistet."

Artikel 4 (1,2) Grund-Gesetz

„Religions-Unterricht ist in öffentlichen Schulen ordentli-ches Lehrfach."

Artikel 7 (3) Grund-Gesetz

„Der Genuss bürgerlicher und staatsbürgerlicher Rechte, die Zulassung zu öffentlichen Ämtern sind unabhängig vom religiösen Bekenntnis."

Artikel 33 (3) Grund-Gesetz

Religions-Freiheit

- das Recht, Religions-Gemeinschaften zu grün-den und sich ihnen anzuschließen und an religiösen Feierlich-keiten teilzunehmen
- das Recht, keiner Religion angehören zu müssen

Gemeinsamkeiten der Religionen

- Erlösung finden die Gläubigen, wenn sie nach ihren heiligen Schriften und Geboten leben
- Glaube an das Jenseits: Nach dem Tod werden die Menschen entweder belohnt oder bestraft

Drei große Religionen in Deutschland

Islam

Deutschlands größte Gruppe unter den nicht- christlichen Bürgern sind mit rund 5 Millionen die Muslime. Daher kommt beispielsweise dem Dialog mit den türkisch-stämmigen Migran-ten besonders große Bedeutung zu.

Christentum

Etwa 60 Prozent der deutschen Bevöl-kerung sind christlichen Glaubens. Rund 25 Millionen Bürger sind Mitglie-der der katholischen Kirche, rund 24 Millionen Deutsche sind Mitglieder der evangelischen Kirchen.

Judentum

Nach dem national-sozialistischen Völker-Mord lebten nach dem Zweiten Weltkrieg nur noch wenige Menschen jüdischen Glaubens in Deutschland. Inzwischen zählen hier die jüdischen Gemeinden über 100 000 Mitglieder.

32 Alltag und Freizeit

Was ist den Menschen in Deutschland im Beruf und in der Freizeit wichtig? Das zeigen die hier dargestellten Beispiele.

Die eigenen vier Wände

Viele Deutsche wünschen sich, eine Wohnung oder ein Haus zu besitzen. Rund 28 Prozent leben im eigenen Haus, 43 Prozent in ihrer Eigentums-Wohnung.

Berufliche Mobilität

Es gibt nicht immer Arbeits-Plätze an dem Ort, wo man lebt. Berufs-Einsteiger müssen deshalb häufig in einen anderen Ort ziehen. Viele Arbeit-Geber erwarten eine solche Flexibilität.
Außerdem beinhalten viele Jobs, dass man zu Kunden oder Konferenzen reist.

Trend zur Teilzeit

Von 25 Millionen Arbeit-Nehmern sind rund 15 Millionen Teilzeit-Kräfte. Der Großteil davon sind mit etwa 60 Prozent Frauen. Aber auch bei Männern zeigt die Tendenz nach oben. Für viele Menschen ist dies eine gute Möglichkeit, Arbeit und Familie besser zu verbinden.

Berufliche Gleich-Berechtigung

In Deutschland gehen fast genauso viele Frauen arbeiten, wie Männer. Auch viele Leute, die einen Partner haben, der Geld verdient, müssen oder möchten auch selbst arbeiten.

Geld für Essen, Wohnen und die Freizeit

Konsumausgaben* der privaten Haushalte in Deutschland in Milliarden Euro

1992	1997	2002	2007	2012
910 Mrd. Euro	1 057	1 173	1 287	1 442

darunter 2012 für:

352 Mrd. €
Wohnung, Wasser, Heizung, Strom

241
Verkehr, Telekommunikation

215
Essen, Trinken, Tabakwaren

128
Freizeit, Unterhaltung, Kultur

89
Möbel, Hausrat

87
Hotels, Gaststätten

70
Bekleidung, Schuhe

Quelle: Statistisches Bundesamt   *im Inland   © Globus 5583

Konsum in Deutschland

Die Deutschen konsumieren so viel wie noch nie. 2014 haben sie 1,57 Billionen Euro ausgegeben. Ein Grund: Weil sie für ihre Geld-Anlagen zu wenig Zinsen erhalten, gehen die Bürger lieber einkaufen.

32 Alltag und Freizeit

Große Städte

Die sechs größten Städte 2015

Einwohner:

- Berlin   3.422.000
- Hamburg   1.746.000
- München   1.408.000
- Köln   1.034.000
- Stuttgart   604.000
- Düsseldorf   599.000

Ehrenamt

Allein im Jahr 2014 waren fast 13 Millionen Bürger ehrenamtlich tätig. Dies bedeutet, dass sie freiwillig und ohne Geld arbeiteten. Zum Beispiel in Sport-Vereinen, in Kinder-Gärten oder der freiwilligen Feuerwehr. Besonders viele Bürger kümmerten sich Ende 2015 um die vielen Flüchtlinge.

Sport-Arten im Verein

Mehr als 25 Millionen Deutsche sind in Sport-Vereinen aktiv. Hier die wichtigsten sechs Sport-Arten:

	Mitglieder
• Fußball:	6.273.000
• Turnen:	5.085.000
• Tennis:	1.767.000
• Schießen:	1.530.000
• Leichtathletik:	900.000
• Handball:	885.000

Urlaub

Die Deutschen lieben das Reisen. So ist auch 2015 wieder ein Rekord-Jahr. Über die Hälfte der Deutschen verreisten. Wichtig sind vor allem Sonne, Strand, Berge und einfach abschalten. Beliebt sind Ferien innerhalb von Deutschland.

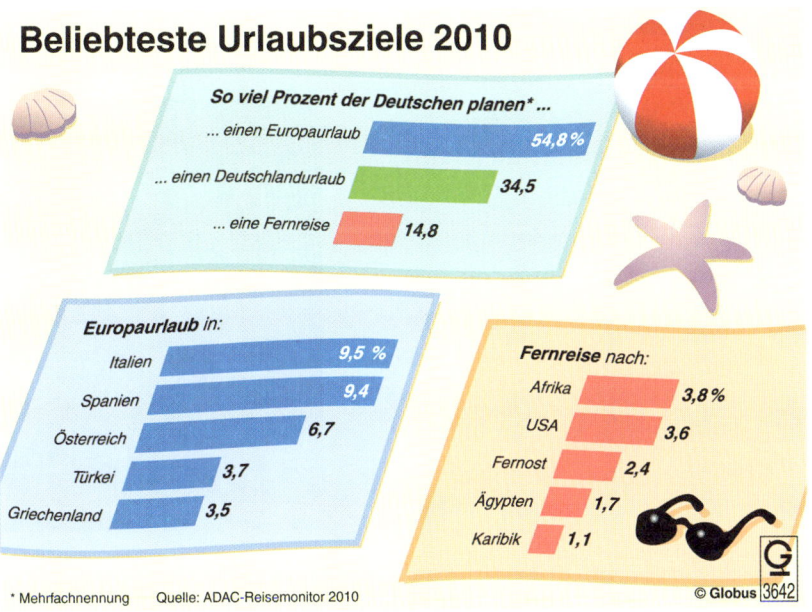

Beliebteste Urlaubsziele 2010

So viel Prozent der Deutschen planen* ...

- ... einen Europaurlaub — 54,8 %
- ... einen Deutschlandurlaub — 34,5
- ... eine Fernreise — 14,8

Europaurlaub in:

- Italien — 9,5 %
- Spanien — 9,4
- Österreich — 6,7
- Türkei — 3,7
- Griechenland — 3,5

Fernreise nach:

- Afrika — 3,8 %
- USA — 3,6
- Fernost — 2,4
- Ägypten — 1,7
- Karibik — 1,1

* Mehrfachnennung   Quelle: ADAC-Reisemonitor 2010

© Globus 3642

Freizeit-Beschäftigung

- Fernsehen
- Radio hören
- Telefonieren
- im Internet surfen
- Lesen
- Gedanken machen
- Zeit mit Partner verbringen
- Sport

33 Feier-Tage und Feste

In Deutschland gibt es sehr viele Feste und Bräuche. Jede Region pflegt ihre eigenen Traditionen. Hier eine Auswahl der Feier-Tage und Feste.

Mutter-Tag

Der Mutter-Tag ist ein in den USA entstandener Brauch. Immer am zweiten Sonntag im Mai wird die Mutter besonders geehrt. In manchen Familien übernehmen Mann und Kinder an diesem Tag alle Arbeiten im Haushalt.

Ostern

Oster-Hase und Oster-Eier sind die weltlichen Symbole für die christliche Oster-Zeit. Christen erinnern an den Tod und die Auferstehung von Jesus Christus.

1. Mai

Der 1. Mai ist der Feier-Tag der internationalen Arbeiterschaft. In Deutschland ist der „Tag der Arbeit" arbeitsfrei und es finden überall im Land Versammlungen und Kundgebungen statt.

3. Oktober
Tag der Deutschen Einheit

Der deutsche National-Feiertag erinnert an die Wieder-Vereinigung der beiden deutschen Teil-Staaten Bundes-Republik Deutschland und Deutsche Demokratische Republik (DDR) im Jahr 1990.

Weihnachten

Christen weltweit feiern am 25. Dezember die Geburt von Jesus. In Deutschland sind die Wochen davor eine Zeit der Besinnung. Sie wird Advent genannt. Die Menschen singen, musizieren, basteln und backen Plätzchen. In vielen Städten gibt es Weihnachts-Märkte.

Arbeitsfreie Feier-Tage

Neujahrs-Tag 1. Januar
Karfreitag
Oster-Montag
Tag der Arbeit 1. Mai
Christi Himmel-Fahrt
Pfingst-Montag
Tag der Deutschen Einheit 3. Oktober
Weihnachten 25. und 26. Dezember

33 Feier-Tage und Feste

Karneval

Karneval wird vor der christlichen Fasten-Zeit gefeiert. Die Menschen verkleiden sich und in vielen Städten finden bunte Karnevals-Umzüge statt.

Kieler Woche

Die Kieler Woche ist eines der größten Segelsport-Ereignisse der Welt. Sie wird jedes Jahr im Juni in der Stadt Kiel an der Ostsee-Küste ausgetragen. Höhe-Punkte sind die Segel-Wettbewerbe und ein Volks-Fest am Ufer.

Silvester

Der Jahres-Wechsel am 31. Dezember wird – wie in vielen anderen Ländern auch – oft mit Glocken-Läuten, Böllern und Feuer-Werk gefeiert. Um Mitternacht wünschen sich die Menschen gegenseitig ein „frohes neues Jahr".

Oktober-Fest

Das größte Volksfest der Welt lockt jedes Jahr Ende September 16 Tage lang fast 6 Millionen Besucher aus aller Welt nach München.

Alm-Abtrieb

Im gesamten Alpen-Raum wird das Vieh im Herbst vor vielen Schau-Lustigen von den Berg-Weiden ins Tal getrieben. Dabei werden die Tiere mit Glocken behangen und feierlich mit Blumen geschmückt.

Schützen-Feste

Schützen-Feste sind in Deutschland weit verbreitete Volks-Feste. Hier ermitteln Schützen-Vereine unter großer Anteilnahme der Bevölkerung bei Musik und Tanz den Schützen-König.

34 Außen-Politik

Wer ist zuständig für die deutsche Außen-Politik?

⇨ Das Auswärtige Amt mit Sitz in Berlin unter der Leitung des Bundes-Außen-Ministers ist für die deutsche Außen-Politik zuständig. Zurzeit ist Dr. Frank-Walter Steinmeier von der sozial-demokratischen Partei Deutschlands (SPD) Außen-Minister.

Reagiert die Außen-Politik bewusst auf die deutsche Geschichte?

⇨ Die deutschen Außen-Politiker sind sich der Tatsache bewusst, dass deutsche Politik zu zwei schrecklichen Kriegen führte. Deshalb ist es ein wichtiges Ziel deutscher Außen-Politik, sich ständig für Frieden und Sicherheit einzusetzen.

Was ist das Fundament der deutschen Außen-Politik?

⇨ Grundsätzliches Fundament sind die Partnerschaft mit den Vereinigten Staaten von Amerika (USA) und die Europäische Union (EU). Eine wichtige Rolle spielt die enge Partnerschaft mit Frankreich. Die nicht immer leichte Aussöhnung mit Israel hat für Deutschland höchsten politischen Stellen-Wert.

Welche Rolle hat die deutsche Außen-Politik in der internationalen Welt?

⇨ Vom wirtschaftlich stärksten Land Europas erwarten die befreundeten Nachbarn viel politi-sche und militärische Verantwortung für Europa und die Welt. Dem kommen deutsche Politi-ker nur zögerlich nach – einige Länder kritisieren diese Haltung, andere begrüßen sie.

Wie kann Deutschland Konflikte beilegen und Kriege verhindern?

⇨ Als europäische Mittel-Macht gelingt dies nur in enger Zusammen-Arbeit mit den Partner-Staaten des nord-atlantischen Bündnisses (NATO) und den Staaten der Europäischen Union (EU). Auf diplomatische oder gar militärische Allein-Gänge verzichtet Deutschland ganz. Deutsche Außen-Politik setzt sich in erster Linie für eine politische Lösung von Konflikten durch Verhandlungen ein. An militärischen Aktionen beteiligt sich Deutschland nur im Rah-men der NATO und im Auftrag der Vereinten Nationen (UNO). Der Einsatz für Rüstungs-Kontrolle und die Nicht-Verbreitung von Waffen ist ständige Aufgabe deutscher Außen-Politik.

Wie lauten weitere Ziele deutscher Außen-Politik?

⇨ Deutschland tritt für die weltweite Einhaltung der Menschen-Rechte ein. Besonders für den Schutz von Kindern. Um die Folgen der Globalisierung besonders für ärmere Länder abzumil-dern, widmet sich Deutschland dem Klima-Schutz, der Wasser-Versorgung, der Rohstoff-Sicherheit und der Migration.

Welche Bedeutung hat die auswärtige Kultur- und Bildungs-Politik?

⇨ Sie verfolgt unter anderem folgende Ziele:
  • Förderung der deutschen Sprache in Europa und der Welt,
  • Vermittlung von Wissen und deutscher Kultur,
  • Herstellung von Beziehungen zu anderen Völkern,
  um ein wirklichkeits-nahes und lebendiges Deutschland-Bild zu vermitteln.

Warum beteiligt sich Deutschland an internationalen Friedens-Einsätzen?

⇨ Zu seinem eigenen Schutz und um mit den Verbündeten an zahlreichen Orten der Welt politisch und militärisch in Konflikte einzugreifen.

Globalisierung	Internationale Vernetzung auf den Gebieten Wirtschaft, Politik, Kultur	globalization	العولمة
Nord-Atlantisches Bündnis (NATO)	Militär-Bündnis zwischen USA, Kanada und vielen europäischen Staaten	North Atlantic Treaty Organization	حلف شمال الأطلسي (الناتو)
Vereinte Nationen (UNO)	Zusammen-Schluss fast aller Staaten der Erde zur Sicherung der Menschen-Rechte und des Friedens	United Nations	الأمم المتحدة
transatlantisch	Verbindung über den Atlantik hinweg	transatlantic	عبر الأطلسي

34 Außen-Politik

Das Vorwort (Präambel) des Grund-Gesetzes vom 23. Mai 1949 sieht vor, dass Deutschland als gleich-berechtigter Staat dem Frieden in einem vereinten Europa dienen soll. Nach den beiden verlorenen Welt-Kriegen, dem Ende des Kalten Kriegs und der deutschen Wieder-Vereinigung befindet sich die deutsche Außen-Politik in einer neuen, ungewohnten Rolle. Heute übernimmt sie auf Bitten der Völker-Gemeinschaft internationale Verantwortung.

Deutsche Außen-Politik

Ziele

Haupt-Ziel ist der Erhalt von Frieden und Sicherheit in der Welt. Damit ist im Einzelnen gemeint:

- Verhinderung von Konflikten und Kriegen
- Fragen der Verteidigung und Rüstungs-Kontrolle
- Weltweite Sicherung der Menschen-Rechte
- Maßnahmen zum Umwelt-Schutz
- Politische und wirtschaftliche Unterstützung armer Länder in der globalisierten Welt-Wirtschaft
- Auswärtige Kultur- und Bildungs-Politik

Grundzüge

Die deutsche Außen-Politik handelt nach dem Motto „Stetigkeit und Zuverlässigkeit":

- Partnerschaftliche Zusammen-Arbeit mit anderen Staaten
- Abkehr von militärischer Ausweitung
- Einbindung Deutschlands in die westlichen Demokratien durch die feste Verankerung in das nord-atlantische Bündnis (NATO) und die Europäische Union (EU)
- Transatlantische Partnerschaft mit den USA

Deutsche Beteiligung an Friedens-Missionen

Deutschland trägt durch militärischen Einsatz, Ausbildung und Ausrüstung mit rund 6.000 Soldaten zur Lösung internationaler Konflikte bei, zum Beispiel:

- im Kosovo seit 1999
- in Afghanistan seit 2001
- im Nahen Osten und Syrien seit etwa 2013

Mitarbeit in internationalen Organisationen

- Vereinte Nationen, **www.un.org**
- OSCE – Organisation für Sicherheit und Zusammen-Arbeit in Europa, **www.osce.org**
- WTO – Welt-Handels-Organisation, **www.wto.org**
- IWF – Internationaler Währungs-Fond, **www.imf.org**

35 Bundeswehr

Warum benötigt Deutschland die Bundeswehr?

⇨ Deutschland ist das wirtschaftlich stärkste Land in Europa. Deshalb erwarten andere Staaten, dass sich Deutschland für Frieden und Freiheit einsetzt. Besonders die europäischen Nachbarn wünschen, dass Deutschland internationale Verantwortung übernimmt. Darum nimmt die Bundeswehr an verschiedenen Einsätzen im Ausland teil.

Auf welcher politischen Grundlage handeln die Soldaten der Bundeswehr?

⇨ Die deutsche Sicherheits-Politik ist den Werten und Grundsätzen der freiheitlich demokratischen Grund-Ordnung verpflichtet. Das Gleiche gilt auch für die deutsche Bundeswehr.

Wann war die Bundeswehr erstmals im militärischen Einsatz?

⇨ Am 22. Juli 1994 genehmigte der Deutsche Bundes-Tag erstmals einen bewaffneten Einsatz. Mit dem Mandat des Parlaments wurde die Luft-Waffe in Jugoslawien eingesetzt. Sie überwachte das Flug-Verbot über Bosnien und Herzegowina. Ähnliche Einsätze bestimmen bis heute den Alltag der Bundeswehr.

Welchen Risiken sehen sich Deutschland und seine westlichen Verbündeten ausgesetzt?

⇨ Seit 1990 sind viele Staaten zerfallen. Die Sowjet-Union wurde aufgelöst. Viele Staaten mussten neue politische Ausrichtungen finden. Es entstanden viele neue Krisen-Herde. Die Welt wurde immer unsicherer. Große Risiken sind heute der internationale Terrorismus, demokratiefeindliche und diktatorische Staaten, sowie welt-umspannende kriminelle Netz-Werke.

Was ist der verfassungs-rechtliche Auftrag der deutschen Bundeswehr?

⇨ Die Aufgabe der Bundeswehr steht in der Verfassung. Sie soll die deutschen Bürger schützen. Und sie soll die außen-politische Handlungs-Fähigkeit Deutschlands sichern.

Welches sind die wichtigsten Aufgaben der Bundeswehr?

⇨ Die wichtigste Aufgabe ist die Verteidigung des Landes. Die geschieht im Rahmen der NATO. Außerdem nimmt die Bundeswehr an militärischen Einsätzen zur Krisen-Bewältigung teil. Dazu gehört auch der Kampf gegen den Terrorismus. Im Rahmen des Heimat-Schutzes hilft die Bundeswehr bei Natur-Katastrophen und schweren Unglücks-Fällen. Besondere Einheiten der Bundeswehr dienen der Rettung und Evakuierung deutscher Staats-Bürger im Ausland. Immer öfter leistet die Bundeswehr humanitäre Hilfe in Krisen-Gebieten.

Welche Rolle spielen Soldatinnen in der Bundeswehr?

⇨ Seit 2001 stehen alle militärischen Laufbahnen in der Bundeswehr auch Frauen offen. Knapp 19.500 Frauen leisten aktiven Dienst in allen Streit-Kräften. Und es werden immer mehr. Soldatinnen haben in Deutschland gleiche Rechte und Pflichten wie ihre männlichen Kollegen.

Bietet die Bundeswehr jungen Menschen berufliche Chancen?

⇨ Die Bundeswehr zählt zu den größten deutschen Arbeit-Gebern. Qualifizierten Männern und Frauen bietet sie vielfältige Karriere-Chancen. Egal ob in Uniform oder zivil. Studien-Möglichkeiten und fach-praktische Ausbildungen erleichtern den späteren Weg im zivilen Berufs-Leben.

Wie ist die Bundeswehr in der Gesellschaft verankert?

⇨ Es gibt zur Zeit keine allgemeine Wehr-Pflicht. Dadurch ist eine Verbindung zwischen Bundeswehr und Gesellschaft entfallen. Aber mit dem neuen freiwilligen Wehr-Dienst und einem demokratischen Verständnis als Freiwilligen-Armee bleibt sie doch anerkannter Teil der Gesellschaft.

Bundeswehr	Deutsche Armee	German army	الجيش الألماني
humanitär	Etwas betrifft Menschen in Not	humanitarian	إنساني
Kalter Krieg	Feindseligkeit zwischen West und Ost, der ohne Waffen-Gewalt („kalt") ausgetragen wurde	Cold War	الحرب الباردة
Evakuierung	Rettung aus einer Gefahren-Zone	evacuation	إجلاء

35 Bundeswehr

Bundeswehr
Wir. Dienen. Deutschland.

1. Risiken und Bedrohungen

- zerfallende Staaten in der Welt
- internationaler Terrorismus
- diktatorische Staaten
- kriminelle Netz-Werke
- Verbreitung von Massen-Vernichtungs-Waffen
- instabile Handels-Wege gefährden die Rohstoff-Versorgung in Deutschland

2. Auftrag der Bundeswehr

- schützt Deutschland und seine Bürger
- sichert die außen-politische Handlungs-Fähigkeit
- verteidigt die Verbündeten
- leistet einen Beitrag zur internationalen Stabilität
- fördert die multi-nationale Zusammenarbeit

3. Aufgaben der Bundeswehr

- Landes-Verteidigung im Rahmen des nord-atlantischen Bündnisses (NATO)
- Teilnahme an militärischer Krisen-Bewältigung in der Welt
- Kampf gegen internationalen Terrorismus
- Heimat-Schutz, beispielsweise Hilfe bei schweren Katastrophen
- humanitäre Hilfe im Ausland

4. Personal der Bundeswehr

- 170.000 Zeit- und Berufs-Soldaten
- 15.000 Soldaten, die freiwilligen Wehr-Dienst leisten
- insgesamt 19.500 Soldatinnen
- 55.000 zivile Angestellte
- die Zahl der Berufs-Soldaten wird auf 45.000 verringert, die der Zeit-Soldaten auf 125.000 erhöht

Heer

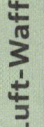

Luft-Waffe

Marine

(in Anlehnung an „Neuausrichtung der Bundeswehr", BMVg 2013)

36 Deutschland in der NATO

Wann und warum ist die NATO entstanden?

⇨ Die NATO ist ein Schutz-Bündnis. NATO steht für „North Atlantic Treaty Organization". Übersetzt heißt das *nord-atlantische Vertrags-Organisation*. Sie wurde im April 1949 von den USA, Kanada und mehreren europäischen Staaten (ohne Deutschland) gegründet. Diese Länder empfanden damals die Politik der Sowjet-Union (UDSSR) als sehr bedrohlich.

Welches ist die wichtigste Aufgabe der NATO?

⇨ Die wichtigste Aufgabe der NATO ist in Artikel 5 des NATO-Vertrages festgelegt. Er regelt den Bündnis-Fall. Wenn es einen bewaffneten Angriff gegen einen Vertrags-Staat gibt, wird dieser als ein Angriff gegen alle angesehen. Dann helfen sich die Staaten gegenseitig. Da Angreifer also mit großer Gegen-Wehr rechnen müssen, ist die NATO auch abschreckend. So soll sie bewaffnete Konflikte verhindern.

Wann trat West-Deutschland der NATO bei?

⇨ Im Mai 1955 wurde die Bundes-Republik Deutschland in die NATO aufgenommen. Die DDR wurde Mitglied des 1954 gegründeten Warschauer Paktes. Beides geschah im sogenannten Kalten Krieg. In dieser Zeit standen sich die westlichen und östlichen Atom-Mächte feindselig gegenüber.

War mit der Auflösung des Warschauer Paktes 1991 die NATO überflüssig?

⇨ Nein. Seit Ende des Kalten Krieges ist die Sicherheit der NATO-Staaten durch andere Krisen in der Welt gefährdet. Jetzt brauchte man die NATO zur Krisen-Bewältigung im Auftrag der Vereinten Nationen (UN). Auch außerhalb des NATO-Gebietes. Diese Einsätze werden „Out-of-Area"-Einsätze genannt. Dabei gelang vorübergehend sogar die Zusammen-Arbeit mit Russland im NATO-Russland-Rat. Der Rat dient der Verbesserung der Zusammenarbeit zwischen den NATO-Staaten und Russland. Vor allem in Fragen der Verteidigungs- und Sicherheits-Politik.

Gilt trotzdem noch der Bündnis-Fall im NATO-Gebiet?

⇨ Grundsätzlich ja. Der NATO-Rat muss den Bündnis-Fall bei einem Angriff auf einen der Mitglied-Staaten feststellen. Anschließend kann aber jeder NATO-Staat selbst über geeignete Maßnahmen entscheiden. In Deutschland benötigt die Bundes-Regierung dazu die Zustimmung des Bundes-Tages.

Haben sich die Regeln für NATO-Einsätze bis heute geändert?

⇨ Neu ist seit etwa 1999, dass militärische Operationen außerhalb des NATO-Gebietes auch ohne Mandat der Vereinten Nationen möglich sind. Diese dienen der Konflikt-Verhütung und Krisen-Bewältigung. Auch wenn kein Mitglied-Staat unmittelbar bedroht ist. Dabei stehen der Dialog und die Kooperation mit den betroffenen Staaten im Vordergrund.

Ist in derartigen Fällen die Bundeswehr sofort im Einsatz?

⇨ Nein. Die Entscheidung über einen Bundeswehr-Einsatz in fernen Krisen-Gebieten fällt letztlich der Deutsche Bundes-Tag in Berlin. Dieser „Parlaments-Vorbehalt" gilt für bewaffnete Bundeswehr-Einsätze. Nur bei „Gefahr im Verzug" kann die Bundes-Regierung einen Einsatz ohne die Zustimmung des Parlaments befehlen. Der Bundes-Tag muss sich dann umgehend damit befassen.

Wodurch unterscheiden sich die Friedens-Missionen der Vereinten Nationen von den NATO-Einsätzen?

⇨ Friedens-Missionen der Vereinten Nationen (UN) sind militärische Einsätze, die von den Mitglieds-Ländern der Vereinten Nationen bereit-gestellt werden. Sie werden umgangssprachlich auch Blauhelm-Einsätze genannt, weil die Soldaten blaue Helme tragen. Sie finden ohne Kampf-Auftrag und nur mit Zustimmung der Regierung des betroffenen Landes statt.

Warschauer Pakt	Militär-Bündnis der kommunistischen Staaten als Gegen-Gewicht zur NATO	Warsaw Pact	حلف وارسو
Dialog	Friedliche Unterhaltung zwischen Vertretern verschiedener Gruppen	dialogue	حوار
Kooperation	Zusammen-Arbeit, um ein gemeinsames Ziel zu erreichen	cooperation	تعاون
Mandat	Hier: Die Vereinten Nationen (UN) erteilen eine Erlaubnis oder einen Auftrag	mandate	تفويض

36 Deutschland in der NATO

Entscheidung über Bundeswehr-Einsätze in Krisen-Gebieten

1994 billigte das Bundes-Verfassungs-Gericht die Beteiligung der Bundeswehr an bewaffneter Einsätzen unter dem Mandat der Vereinten Nationen (UN). Die Bundes-Regierung muss vor jedem Einsatz die Zustimmung des Bundes-Tags einholen. Dies nennt man Parlaments-Vorbehalt.

„Out-of-Area"-Einsätze:
Beispiele für Bundeswehr-Einsätze außerhalb des Bündnis-Gebietes der NATO

- seit 1995 Soldaten in Bosnien/Herzegowina
- 1999 Teilnahme an Luft-Angriffen im Krieg gegen Jugoslawien
- seit 2001 Einsatz in Afghanistan
- 2015 Unterstützung Frankreichs in Syrien

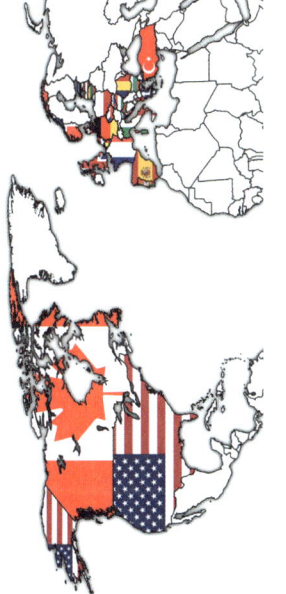

28 NATO-Mitglieder:
Albanien, Belgien, Bulgarien, Dänemark, Deutschland, Estland, Frankreich, Griechenland, Großbritannien, Island, Italien, Kanada, Kroatien, Lettland, Litauen, Luxemburg, Niederlande, Norwegen, Polen, Portugal, Rumänien, Slowakei, Slowenien, Spanien, Tschechien, Türkei, Ungarn, USA.

Wichtige Ziele der NATO-Staaten:
- Aufrecht-Erhaltung der transatlantischen Bindung
- Unterstützung der europäischen Sicherheits- und Verteidigungs-Politik
- Krisen-Bewältigung außerhalb des NATO-Gebietes
- Erweiterung des Bündnisses
- Rüstungs-Kontrolle, Abrüstung und Nicht-Verbreitung von Waffen

NATO-Vertrag Artikel 5 von 1949

Die vertrags-schließenden Staaten sind sich darüber einig, dass ein bewaffneter Angriff gegen Europa oder Nord-Amerika als Angriff gegen sie alle betrachtet wird, und kommen deshalb überein, dass jeder von ihnen den Vertrags-Staat oder die Vertrags-Staaten, die angegriffen werden, unterstützt.

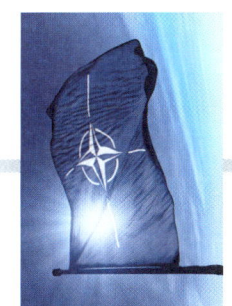

Einsatz im Bündnis-Gebiet der NATO:
Bündnis-Fall = Angriff auf einen Mitglieds-Staat der NATO

- NATO-Rat stellt den Bündnis-Fall fest
- Jedes Mitglied entscheidet selbst über eigene Maßnahmen
- Die Bundes-Regierung braucht die Zustimmung des Bundes-Tages. Es reicht eine einfache Mehrheit

37 Deutschland in der Europäischen Union (EU)

Deutsch-französische Freundschaft

Aus einer lang-jährigen deutsch-französischen Feindschaft ist eine gute Zusammen-Arbeit geworden. Diese ist sehr wichtig für den Erhalt der EU. Eine wichtige Rolle spielt bei dieser Zusammen-Arbeit zum Beispiel das Deutsch-französische Jugendwerk. Dessen Aufgabe ist es, die Verbindungen zwischen jungen Menschen in Deutschland und Frankreich auszubauen.

Nachbarschaft

Deutschland liegt im Zentrum Europas. Die Deutschen leben in direkter Nachbarschaft zu neun anderen Staaten. Eine friedliche Europa-Politik ist daher im Interesse der deutschen Bevölkerung.

EURO (€)

Der Euro ist die Währung der Europäischen Währungs-Union. 19 von 28 EU-Ländern (= 339 Millionen Europäer) benutzen die gleichen Bank-Noten und Münzen. Seit 2002 können Deutsche ohne Geld zu wechseln zum Beispiel in Frankreich einkaufen.

Offene Grenzen

Seit 1995 sind die Grenzen in der Europäischen Union endgültig offen. Das heißt, jeder EU-Bürger darf seinen Wohnort, Arbeits-, Ausbildungs- und Studien-Platz frei wählen. Man nennt das Freizügigkeit.

Kulturelle Vielfalt

Menschen lernen sich über private und geschäftliche Reisen kennen und erfahren mehr über die Vielfalt der Kulturen, Traditionen und Sprachen. Gleichzeitig ist es wichtig, dass diese Unterschiede der Europäischen Union geachtet und geschützt werden.

Umwelt-Politik

Die Umwelt-Vorgaben der Europäischen Union gehören zu den strengsten der Welt. Die Umwelt-Politik soll zu einer umweltfreundlichen Wirtschaft führen. Sie will zum Schutz der Natur, zur Sicherung von Gesundheit und Lebens-Qualität beitragen.

37 Deutschland in der Europaischen Union (EU)

So beeinflussen Bürger und Politiker die Europäische Union und umgekehrt

Die Bürger wählen die Abgeordneten ihres Landes für das EU-Parlament.
Die Mitglieds-Staaten haben wichtige nationale Zuständigkeiten auf verschiedene Einrichtungen der Europäischen Union übertragen. Zum Beispiel auf das Europa-Parlament. Dort getroffene Entscheidungen sind oft unmittelbar geltendes Recht. Allerdings gilt, dass keine schwer-wiegenden Entscheidungen ohne die Zustimmung der Mitglieds-Staaten getroffen werden können.

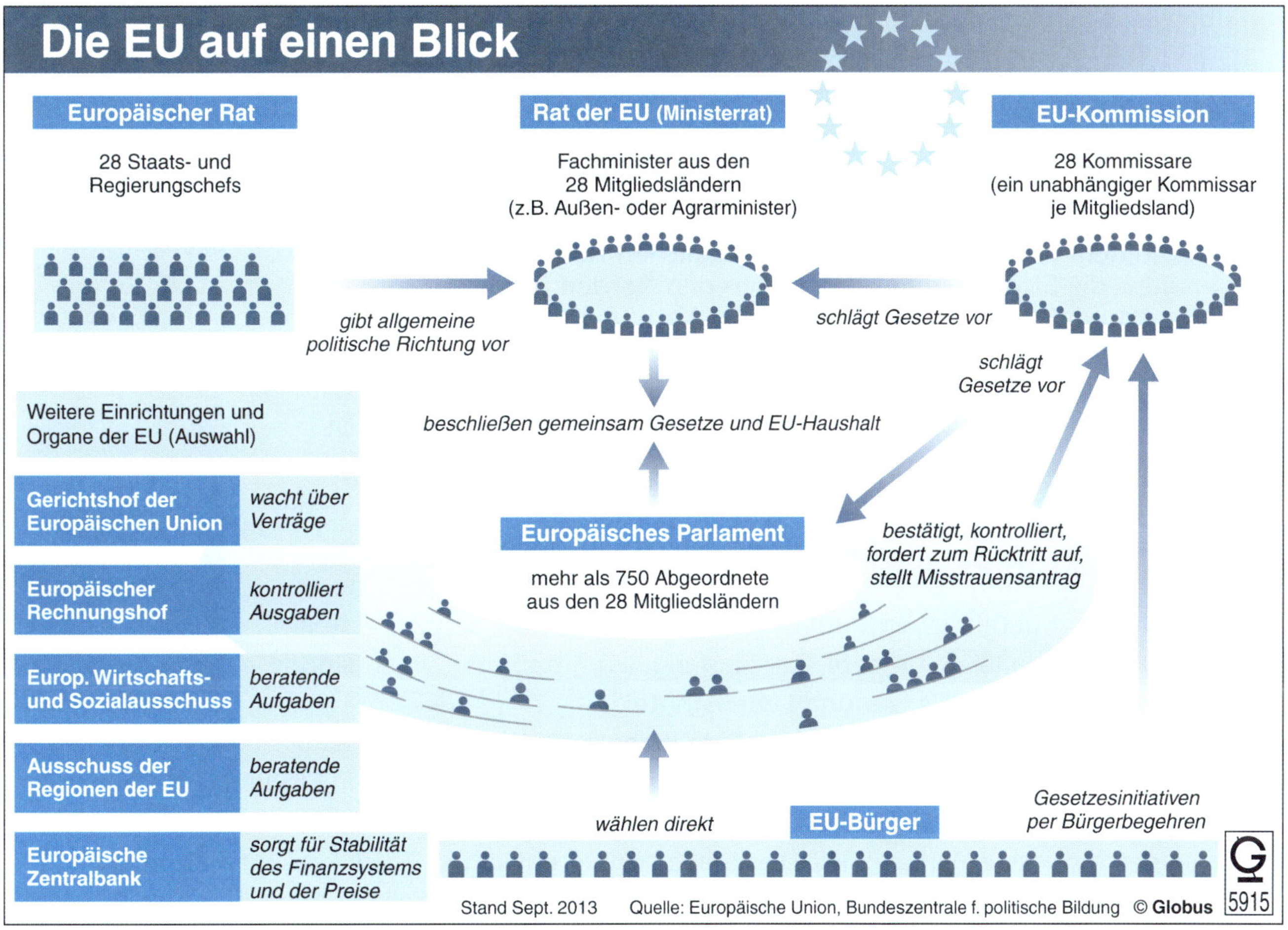

Die EU auf einen Blick

Europäischer Rat	Rat der EU (Ministerrat)	EU-Kommission
28 Staats- und Regierungschefs	Fachminister aus den 28 Mitgliedsländern (z.B. Außen- oder Agrarminister)	28 Kommissare (ein unabhängiger Kommissar je Mitgliedsland)

gibt allgemeine politische Richtung vor

schlägt Gesetze vor

schlägt Gesetze vor

beschließen gemeinsam Gesetze und EU-Haushalt

Weitere Einrichtungen und Organe der EU (Auswahl)

Gerichtshof der Europäischen Union	*wacht über Verträge*
Europäischer Rechnungshof	*kontrolliert Ausgaben*
Europ. Wirtschafts- und Sozialausschuss	*beratende Aufgaben*
Ausschuss der Regionen der EU	*beratende Aufgaben*
Europäische Zentralbank	*sorgt für Stabilität des Finanzsystems und der Preise*

Europäisches Parlament

mehr als 750 Abgeordnete aus den 28 Mitgliedsländern

bestätigt, kontrolliert, fordert zum Rücktritt auf, stellt Misstrauensantrag

wählen direkt   **EU-Bürger**   *Gesetzesinitiativen per Bürgerbegehren*

Stand Sept. 2013   Quelle: Europäische Union, Bundeszentrale f. politische Bildung © **Globus** 5915

Wahl zum Europäischen Parlament

Es handelt sich um das parlamentarische Organ der Europäischen Union. Jedes Land erhält aufgrund seiner Bevölkerungs-Größe eine bestimmte Anzahl von Sitzen. Wichtigste Aufgabe ist das Beschließen von europäischen Gesetzen. Darüber hinaus stellt es den jährlichen Haushalts-Plan der Europäischen Union auf.

Chancen des Binnen-Marktes

Für die Menschen: Grenz-Kontrollen entfallen, man kann den Arbeits-Platz oder die Einrichtung einer Niederlassung im Ausland frei wählen.
Für Waren: Es gibt keine Grenz-Kontrollen, Vorschriften und Normen sind einheitlich.

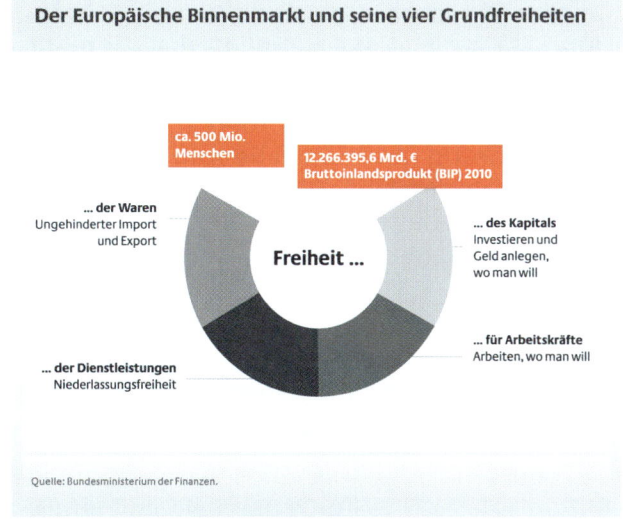

Der Europäische Binnenmarkt und seine vier Grundfreiheiten

ca. 500 Mio. Menschen

12.266.395,6 Mrd. € Bruttoinlandsprodukt (BIP) 2010

Freiheit ...

... der Waren
Ungehinderter Import und Export

... des Kapitals
Investieren und Geld anlegen, wo man will

... für Arbeitskräfte
Arbeiten, wo man will

... der Dienstleistungen
Niederlassungsfreiheit

Quelle: Bundesministerium der Finanzen.

38 Umwelt-Politik und Umwelt-Schutz

Warum betreibt die deutsche Regierung aktive Umwelt-Politik?

⇨ Klima-Wandel, Smog in Groß-Städten und die Verschmutzung der Meere haben schlimme Folgen und betreffen alle Menschen. Deshalb müsste der Umwelt-Schutz eine der wichtigsten Aufgaben aller Staaten dieser Erde sein. Deutschland bemüht sich um den Umwelt-Schutz im eigenen Land. Auch bei der Verhandlung internationaler Abkommen setzt sich Deutschland für die Umwelt ein. Zum Beispiel gab es 2015 in Paris eine Klima-Konferenz der Vereinten Nationen.

Warum war die UN-Klima-Konferenz in Paris 2015 so wichtig?

⇨ Umwelt-Probleme wie beispielsweise die Abholzung der Regen-Wälder, Dürre-Katastrophen und Über-Bevölkerung sowie die Erwärmung der Erd-Atmosphäre werden immer schlimmer. Sie gefährden das Ziel der Vereinten Nationen, die Armut auf der Welt zu halbieren. Oberstes Ziel des Klima-Gipfels war die verbindliche Obergrenze für den Anstieg der Temperatur auf der Welt. Die Teilnehmer haben beschlossen, dass die globale Erwärmung möglichst 1,5°C nicht übersteigen soll. Sie haben sich auf verschiedene Maßnahmen geeinigt, um dieses Ziel gemeinsam zu erreichen.

Ist die intakte Umwelt auch in Deutschland bedroht?

⇨ Nicht in dem gleichen Maß wie in der südlichen Hälfte der Erde. Das zeigen auch die Ströme an Flüchtlingen in den Norden Europas. Doch der Klima-Wandel und die Bedrohungen der Natur sind auch in Deutschland deutlich spürbar:

* Schädliche Abgase sorgen immer öfter für eine unsaubere Atem-Luft. Sie entstehen vor allem beim Auto-Fahren, in Industrie-Betrieben, durch Heizungen und bei der Müll-Verbrennung.

* Große Gefahren entstehen durch zu intensive Nutzen der Böden in der Land-Wirtschaft. Damit die bäuerlichen Betriebe im europäischen Konkurrenz-Kampf überleben können, müssen sie ihre Nutzflächen ständig mit gefährlichen Dünge-Mitteln und Pflanzen-Schutz-Mitteln behandeln – alles mit staatlicher Duldung. Unmittelbare Folgen sind vergiftetes Grund-Wasser und Lebensmittel.

* In Deutschland gibt es noch keine akute Wasser-Knappheit. Auch ist die Trink-Wasser-Qualität im ganzen Land sehr gut – dank moderner Klär-Anlagen in Städten und Gemeinden.

* Ein Problem sind die vielen Abfälle der Haushalte und Betriebe. Bequeme Wegwerf-Produkte sorgen für riesige Mengen Müll. Dieser muss entsorgt werden. Zurzeit gelingt dies noch gut. Die Verschwendung von Rohstoffen und sogenannte Alt-Lasten bleiben aber ein großes Problem.

Welches sind die Ziele der deutschen Umwelt-Politik?

⇨ Die Ziele der Umwelt-Politik sind die Erhaltung der Umwelt in Deutschland, die Schonung aller Ressourcen der Erde und die Erhaltung des ökologischen Gleich-Gewichts.

Wie geht die deutsche Politik die Umwelt-Probleme an?

⇨ Umwelt-Probleme werden vor allem über Verbote, Vorschriften, Anmelde-Pflichten und Anweisungen der Behörden angegangen. Indirekte Maßnahmen sind Müll-Gebühren, Steuern, Aufklärung und staatliche Aufrufe an die Bürger. Auch die Förderung von umwelt-freundlichen Maßnahmen hilft. Zum Beispiel wird man unterstützt, wenn man eine Solar-Anlage baut.

⇨ Was Haushalte und Betriebe zum Umwelt-Schutz beitragen können, entnehmen Sie bitte der Seite 79.

Erd-Atmosphäre	Schutz-Hülle, die die Erd-Oberfläche vor gefährlicher Sonnen-Strahlung schützt	earth atmosphere	الغلاف الجوي الأرضي
Recycling	Wieder-Verwendung von gebrauchtem Material für neue Produkte	recycling	إعادة التدوير/التصنيع
Ressourcen	Hier: Nicht erneuerbare Rohstoffe wie Öl, Kohle und seltene Metalle	resources	موارد
Ökologisches Gleich-Gewicht	Ungestörtes Nebeneinander von Mensch, Tier und Natur	ecological balance	التوازن البيئي

38 Umwelt-Politik und Umwelt-Schutz

3. Umwelt-Schutz

3.1 Maßnahmen im Alltag (Auswahl)

- Müll trennen
- Pfand-Flaschen aus Glas kaufen
- so wenig Einweg-Verpackungen wie möglich benutzen
- mit Einkaufs-Korb einkaufen
- Lacke, Farben, Putzmittel-Reste, Batterien zum Sonder-Müll geben
- Energie-Spar-Lampen verwenden
- Auto stehen lassen
- Fahrrad fahren
- Fahr-Gemeinschaften bilden
- Urlaub zu Hause verbringen

3.2 Maßnahmen im Büro (Auswahl)

- Papier-Verbrauch reduzieren
- Recycling-Papier verwenden
- Energie-Spar-Geräte einsetzen
- umwelt-freundliche Stifte benutzen
- Müll trennen
- Geräte und Beleuchtung erst bei Gebrauch einschalten
- öfter den PC herunterfahren
- Stoßlüften spart Energie
- Stand-by-Geräte ausschalten
- nach Dienst-Schluss Heizung und Klima-Anlage herabsetzen

2. Umwelt-Politik der Bundes-Regierung

Umwelt-politische Ziele

- Erhaltung einer lebens-werten Umwelt
- Schutz der Natur und der Ressourcen
- Erhalt des ökologischen Gleich-Gewichts

2.1 Grundsätze

- Vermeidung von Abfall ist sinn-voller als Beseitigung
- Wer die Umwelt belastet, haftet und trägt die Kosten
- Verursacher ist nicht bekannt, dann tragen alle die Kosten

2.2 Instrumente

Unmittelbar: Verbote, Gebote, Anmelde- und Auskunfts-Pflichten, behördliche Anweisungen

Mittelbar: staatliche Zuschüsse, Gebühren, Steuern, Aufklärung, Beratung, Appelle, Selbst-Verpflichtungen

2.3 Durchsetzung

- Gesetze von Bund und Ländern wie beispielsweise zur Reinhaltung der Luft
- Verordnungen wie beispielsweise für Schall- und Lärm-Schutz
- Gesetze in den Orten und Städten wie beispielsweise für Recycling

Grenzen:
- fehlende internationale Übereinkünfte
- mangelnde Einsicht und Bereitschaft des Einzelnen

1. Bedrohungen der Umwelt

Luft

Abgase:
- Smog aus Industrie und Heizungen
- Müll-Verbrennung
- Klima-Katastrophe
- radioaktive Bestandteile in der Luft

Boden

Landwirtschaft:
- zu viel Dünger
- Gifte in Lebens-Mitteln
- Mono-Kulturen
- Beton-Bauten in den Städten

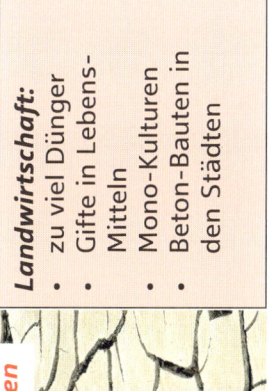

Wasser

Abwasser:
- Dünger, Pflanzen-Schutz-Mittel
- Abwässer
- Wasser-Vergeudung
- Meer als Müll-Kippe

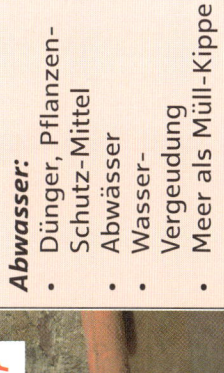

Natur

Abfälle:
- Wegwerf-Produkte
- viel Müll
- giftige Produkte
- Rohstoff-Verschwendung

Bildquellenverzeichnis

Bergmoser + Höller Verlag AG, Aachen: S. 49_1

Bundesministerium der Finanzen: S. 77_2

Bundesregierung: S. 41_1 (Sandra Steins), 41_2 (Marvin Ibo Güngör), 43_3 (Steffen Kugler)

Bundeswehr: S. 72_1, 72_2 (Raab), 73_1

BÜNDNIS 90/DIE GRÜNEN: S. 32_4

CDU/Dominik Butzmann: S. 4_3, 43_2

Christlich Demokratische Union Deutschlands (CDU): S. 32_3

dpa Infografik GmbH, Hamburg: S. 47_1, 47_2, 49_2, 51_1, 59_1, 66_4, 67_4, 77_1

Fotolia.com: Seite 4_1 (KeepCoolBaby), 4_2 (Bernd Kröger), 4_5 (Sliver), 04_6 (Harald Bolten), 4_7 (Michael Fleischmann), 4_8 (World travel images), 5_1 (kartoxjm), 7_1 (sunt), 8_1 (Bruno Bernier), 8_2 (Increa), 8_3 (andersphoto), 8_4 (jo), 9_1 (Katja Xenikis), 9_2 (rcfotostock), 9_3 (Klaus Eppele), 9_4 (JULA), 9_5 (jh Fotografie), 9_6 (ArTo), 9_7 (Tom Klimmeck), 9_8 (marcus_hofmann), 10_1 (Eisenhans), 10_2 (crimson), 10_3 (Hamster4711), 10_4 (ReinhardT), 10_5 (blende40), 10_6 (Miervaldis Ozols), 10_7 (Jaroslaw Grudzinski), 12_1 (nmann77), 14 (Coulo-res-pic); 15_1 (tai111), 15_2 (rcx), 15_3 (Robert Kneschke), 17_1 (fredredhat), 17_2 (Thaut Images), 17_3 (Photographee.eu), 18_1 (Trueffelpix), 20_1 (Monkey Business), 21_1 (passif-lora70), 21_2 (Scott Maxwell), 21_3 (Trueffelpix), 23_1 (Andreas Haertle), 23_2 (scusi), 23_3 (Stefan Germer), 23_4 (mrr), 23_5 (mrr), 25_1 (hd-design), 25_2 (roadrunner), 26_1 (svort), 26_2 (Thomas Leiss), 27_1 (highwaystarz), 27_2 (Ivan Kruk), 27_3 (DWP), 27_4 (Zerbor), 28_1 (fotomek), 29_1 (cameraw), 29_1 (MaxWo), 29_2 (M. Johannsen), 29_3 (apinan), 31_1 (Jan Rose), 31_2 (PeJo), 31_3 (mrr), 33_1 (kentauros), 34_1 (JiSign), 35_1 (fotomek), 36_1 (fotomek), 36_2 (fotomek), 36_3 (ullrich), 37_1 (photocrew), 37_2 (scusi), 38_1 (ewolff), 39_1 (Christian Schwier), 39_2 (Stefan Yang), 39_3 (froxx), 39_4 (Opgrapher), 39_5 (ElenaR), 39_6 (Gina Sanders), 40_1 (Texelart), 42_1 (philipus), 43_1 (Andrey Popov), 45_2 (downer), 45_3 (ewolff), 45_4 (hd-design), 50_1 (Edyta Pawlowska), 50_2 (dresden), 52_1 (Liddy Hansdottir), 53_1 (Dasha Petrenko), 53_2 (Andrea Berger), 53_3 (Olesia Bilkei), 54_1 (nyul), 54_2 (BlueOrange Studio), 54_3 (Monkey Business), 55_1 (Adam Gregor), 55_2 (Lena S.), 55_3 (Monkey Business), 55_4 (manu), 56_1 (BillionPhotos.com), 57_1 (Joe Gough), 57_2 (Patrizia Tilly), 57_2 (Scott Griessel), 58_1 (rasstock), 58_2 (Ingo Bartussek), 58_3 (jiduha), 58_4 (WavebreakmediaMicro), 60_1 (openwater), 61_1 (Denis Junker), 62_1 (auremar), 62_2 (contrastwerkstatt), 63_1 (bluedesign), 64_1 (Dark Vectorangel), 65_1 (World travel images), 65_2 (Sigtrix), 65_3 (KorayErsin), 66_1 (Dark Vectorangel), 66_2 (Visionär), 66_3 (Kzenon), 67_1 (Increa), 67_2 (grafikplusfoto), 67_3 (Oscar Brunet), 67_5 (FrankU), 67_6 (tina7si), 67_7 (roxcon), 68_1 (S.Kobold), 68_2 (Frank Schöttke), 68_3 (nmann77), 68_4 (zuchero), 68_5 (Marzia Giacobbe), 68_6 (Monkey Business), 69_1 (Heinz Waldukat), 69_2 (Berni), 69_3 (flyinger), 69_4 (demarco), 69_5 (Netzer Johannes), 69_6 (Axel Gutjahr), 73_2 (Thaut Images), 73_3 (VanderWolf Images), 73_4 (dmitrimaruta), 74_1 (promesaartstudio), 75_1 (michal812), 75_2 (Lulla), 75_3 (KeepCoolBaby), 76_1 (beugde-sign), 76_2 (fotomek), 76_3 (bluedesign), 76_4 (msp12), 76_5 (Robert Kneschke), 76_6 (visdia), 78_1 (Aaron Kohr), 78_2 (Fotoimpressionen), 79_1 (Thomas Leiss), 79_2 (Vitalij Schäfer), 79_3 (cobia), 79_4 (Guido Thomasi)

Partei DIE LINKE: S. 32_2

Presse- und Informationsamt der Bundesregierung/jesco Denzel: S. 4_4, 44_1, 45_1

Sozialdemokratische Partei Deutschlands (SPD): S. 32_1